들리나요?
캠퍼스의 이야기가 …
월영지의 피어오르는 분수도
도서관의 책장 넘기는 소리도
운동장을 울리는 힘찬 함성도
청춘의 푸른 글감으로 가득한
캠퍼스는 꿈을 펼치는 무대입니다
한국 문단의 새로운 힘! 경남대학교
www.kyungnam.ac.kr
경남대학교
KYUNGNAM UNIVERSITY
慶南大學校
청년 작가 아카데미(원장 김정대 교수) 운영
❖ 교수진 : 시인 정일근(국어교육 졸)
소설가 전경린(독어독문 졸)

김미숙 시집 탁발승과 야바위꾼

김미숙 시집 《탁발승과 야바위꾼》은 오늘날 불모의 시대, 기계문명과 상업주의와 사막도시를 살아가는 현대인의 삶과 그 시대상황에 대한 날카로운 풍자와 인간회복의 꿈을 노래하고 있음을 확인할 수 있다.

시학 | 신문고판 | 136면 | 값 8,000원

이숙자 제2시조집 침묵의 휘장을 들추며

가장 강력하고 보편적인 인간의 환경이 자연이기에 어느 시대를 막론하고 시인은 자연을 시적 대상화하고 있다. 아란 시인도 보편적이고 반복적이며 법칙적이고 필연적인 자연에의 순응과 합일을 통하여 순수의 본질, 순환의 질서를 연역해 내고자 한다.

동백문화재단 | 신문고판 | 152면 | 값 8,000원

조연향 시집 오목눈숲새 이야기

이번 시집에서 시인은 전통적인 자연관과 자연 형상에 과감히 도전장을 던지는 모습을 보여 준다. 대상은 움직임의 언어로 구현되며, 시인에게 보이는 경물과 그 형상은 항상 동적인 이미지를 통해 자신의 실체를 실현하고 있다.

시학 | 변형문고판 | 128면 | 값 6,000원

한후남 수필집 시간의 켜

한후남 님은 인간사회에서 겪게 되는 모든 사람들을 망라해서 여성의 한과 트라우마를 집요하게 추적하고 있다. 그 통한의 씨앗들에서 무슨 꽃이 피어났는가를 면밀히 살펴내고 있다. 상흔과 회한이 승화하여 간 역정을 그 자취를 추적하고 있다.

교음사 | 신국판 | 246면 | 값 8,000원

하순희 시조집 적멸을 꿈꾸며

이 시조집은 시조의 '현대성'과 '시조성'을 균형 있게 통합하고 있는 실례로 기억해둠직하다. 시조의 전통인 형식적 안정성을 계승하면서 그 안에 존재 탐색과 자기 완성의 열정을 담고, 나아가 동시대인 삶의 구체성과 애환을 담는 독자적인 시법을 보여주고 있다.

태학사 | 신문고판 | 120면 | 값 5,000원

박성임 시집 구절초 닮은 그대

표제시인 〈구절초 닮은 그대〉를 비롯하여 많은 시가 부재하는 그대에 대한 그리움을 노래하고 있다는 점에서 우리는 박성임 시를 존재탐구의 시 또는 그리움의 시학으로 불러볼 수 있으리라.

포엠토피아 | 신문고판 | 120면 | 값 5,000원

올해의 문학기행은 남해로 다녀왔다.
청정도시 남해, 예술보다 정치적 기질이 더 강하다는
남해에서 우리는 고유의 문화와 이국의 문화를
두루 섭렵하였으며, 회원 간의 관계도
더욱 친밀해지는 시간을 가졌다.

제11회

경남여성시낭송대회

2010년 9월 11일 대우백화점에서
시와 사람과 음악이 어우러지는
열한 번째 〈경남여성시낭송대회〉가 열렸다.

경|남|여|류|문|학

Gyeongnam Women literary Association Vol.21

2011 ● 21

표지화 작가 | 김해연
표지화 | 〈환희〉, 〈첫경험〉, 〈열정〉

재미화가이자 수필가인 김해연은 이화여대 서양학과를 졸업하고 30년 전 미국으로 떠나 그림과 글을 쓰고 있다.

제21호 2011

경남여류문학

권두에세이

작은 것을 노래하다

김 명 희 | 경남여류문학회장

앙투안 마리 로제 드 생텍쥐페리. 그는 경외敬畏의 대상인 하늘에 문학의 길을 열었습니다. 그리고 《어린왕자》라는 가슴 시리도록 귀여운 아이를 우리에게 안겨주고 홀연 사라졌습니다. 이즈음의 높은 구름 하늘을 보면 그가 낳은 어린왕자가 불쑥 나타날 것만 같습니다.

"네 장미꽃이 그토록 소중하게 된 것은 네가 네 장미꽃을 위해서 소비한 시간 때문이야."

몇 번이고 뇌입니다. 비록 화려하지 않고 웅숭깊지 않아도 우리에겐 더없이 소중한 《경남여류문학》이니까요. 개개인의 열성이 어우러진 우리들의 광장. 누구나 쉽게 드나들 수 있는 대문 없는 아주 작은 별입니다. 이처럼 우리는 작은 것을 위해 필생을 걸었습니다. 어쩌면 작은 것이 더 큰 것인지도 모릅니다.

작년에는 《삼국유사》를 따라 경주 남산을 답사했으며 올해는 가까운 남해를 다녀왔습니다. 유배문학과 절경이 돌아오는 발길을 붙잡았습니다. 특히 남해는 많은 정치가를 배출하였지만 – 해설사가 소개한 시인 외에는 – 그에 비해 알려진 문인이 없다고 했습니다. 문인이 넘쳐나는 시대에 문인이 없다는 해설사의 말이 자꾸 밟혔습니다. 혹시 작은 것을 놓치지 않나 싶어서입니다. 분명 작은 것에서부터 찾아보면 그에 못지않은 성과가 있을 텐데 말입니다.

우리 지역에서 시조를 쓰며 동시조의 길을 연 고 박평주 시인을 고향 남해에 꼭 안겨줘야겠다는 생각을 했습니다. 우리는 작은 것을 노래하고 작은 일을 합니다. 그것이 쌓이고 쌓이면 큰 것이 되겠지요.

다시 구름 도는 하늘을 봅니다.

■ 김계자의 詩 세계

평설 | 하길남

■ 윤미향의 隨筆 세계

평설 | 정목일

특집 1 회원의 작품세계

특집 1

김계자의 작품세계

마산 출생
시와 시조 비평문학사 신인상 수상
동백문학상 수상
경남현대불교문인협회 이사
경남문협 회원
마산문협 회원

폴리트비체 공원*으로 외 7

눈을 감아도
눈을 떠도
에메랄드그린의 물빛

호수를 따라 숲길을 걸어가면
또 하나의 호수가 나오고
숨겨둔 물길이 나오고
물길과 물길이 호수를 이루어
16개의 호수가 손에 손을 잡고 우리들을 반기네

가쁜 숨 몰아쉬며
숲과 숲으로 이어진 길을 올라가면
80미터 절벽으로 곤두박질치며
굉음으로 귀먹게 하는가 하면
형형색색의 크고 작은 물고기들이
발걸음 멈추게 하네

시도 때도 없이 내 마음이 그곳으로 달려가네
발걸음도 가볍게 달려가네
아름다운 자연을 선사해준 내 마음의 신神이 있는 그곳으로

*폴리트비체 공원 : 크로아티아의 국립공원으로, 유네스코가 지정한 자연보호 구역임.

칠불사 아자방 앞에 서서

뜨거운 유월 햇볕 등지고
일주문 금강문 사천왕문 지나
대웅전 부처님께 인사 여쭙고 나오니
함께 간 문우들이 아자방 문고리를 잡고 소원을 빌고 있다

나는, 문을 열고 들여다보기는커녕
둥근 문고리 잡지도 못하고 혼자 서성거렸다
혹시, 그리운 사람이 얼굴 내밀면
무슨 말을 할까?
보고픈 마음이 그리움의 등불을 주렁주렁 달고
밤마다 잠 못 들게 했다고
평소처럼 투정을 부려볼까?

그래,
그림자조차 떠오르지 않은들 어떠리
내 마음 깊은 곳에 당신은 이미
어여쁜 연꽃으로 피어 있는데…

안경처럼

이른 새벽
공원 산책길 옆 벤치에
선이 굵은 안경이 얌전히 누워 있다

어젯밤부터인가
그제인가
아니, 그끄제부턴가
함초롬히 이슬에 젖고 있는 돋보기안경

행복한 이야기에 너무 취해 주인을 잃었을까?
혼자 궁상떨며 그리움에 빠져 있던 주인이 버렸을까?
건망증 중증인 내 모습처럼 가엾기 짝이 없다

가끔은 아주 가끔씩은
내가 혼자라는 것도
멀고 먼 곳으로 소중한 사람들을 보냈다는 것도
까맣게 잊고
저 돋보기안경처럼 편안히 누워
슬픔도 기쁨도 까맣게 잊고 싶다

요즘, 작은 행복

새벽마다, 집 앞에 있는 초등학교 운동장을
열 바퀴씩 돈다
시간이 넉넉한 날은
먼 곳에 있는 공원을 찾아가 호숫가를
대여섯 바퀴 돈다

먼 곳에 있는 공원은
초등학교 운동장 인조잔디의 푹신함보다
색깔 고운 나뭇잎 줍는 재미 쏠쏠하고
스치는 얼굴마다 반갑고
시냇물 소리
졸졸졸 정겹다

앙증스런 노랑어리연꽃,
물가의 창포꽃에 눈길 주는 것도 즐겁다
아침 햇살 등지고 외는 신묘장구대다라니는
얼음물보다 더 시원하게 목젖을 적신다

그분이 내게 있어 나는 달린다
등뼈 꼿꼿이 설 때까지

석이 생각

너를 보내는 날도
49재를 올리는 날도
하늘이 나 대신 소리 내어 울어 주었다

이승의 반백 년, 고단했던 질곡의 삶
훌훌 털고
불국정토에서 편안한 삶 누리시라
그곳에선 부디 행복하시라
어머님 아버님과 함께 왕생극락하시라
주문처럼 외우느라 울 수가 없었다.

이제는,
같이 아구찜에 소주 한잔 곁들일 수도 없고
크고 따뜻했던 손, 잡을 수도 없지만

이승에서의 어진 성품 그대로
새벽 산책길 풀잎에 맺힌 이슬로라도 만나
네 손 한 번만 잡아보고 싶구나
서럽고 안타까운 누이의 이 마음 전할 수만 있다면

장 마

장맛비 오는 날은
찾아오마는 사람 없어도 좋으리
작은 산새 한 마리
솔바람 거느리고 찾아와
높은 음으로 노래를 불러 준다면
마음 닿아 찾아주는 사람 없어도
아껴둔 찻잔으로 차를 마시리
은은한 빛깔로 우려낸 작설차에
그리움은 취하리

장맛비 오는 날은
천수경을 외며
산새에게도 백팔 배를 올리며
가벼이
가벼이 날아오르리

산문山門에서 실로폰을

윤달, 하루에 세 절 밟으면
업장이 가벼워진다고
초발심의 손 모으며
순례행렬 따라나섰다

관절 마디마디가
우두둑 우두두둑 소리를 내어도
다리를 곧추세워 백팔 배를 올렸다

등줄기로 흘러내린 땀
개울물이 되도록
온몸에 한기寒氣 들도록
참회하고 또 참회하였다

뒤란의 풀잎이 고개를 끄덕이고
새소리 바람 소리 그리고 풍경 소리
딩 동 댕! 딩동댕 실로폰을 쳐준다

돌아오는 내 발걸음
다람쥐처럼 가볍다

부석사 무량수전

신라 문무왕 16년 의상대사가 창건한 부석사를 아느냐고요?
60년 전 여고 시절, 국사시험에
우리나라 최고最古의 목재건물
무량수전이 시험에 나왔지요
배운 기억 전혀 없어
우리 반 전체가 다 틀린 무량수전
그 무량수전을 꼭 봐야겠다고
유월 땡볕을 등에 지고 찾아갔지요

일주문 천왕문 계단을 단숨에 오르고
삼층석탑이나 국보 석등조차도 흘낏흘낏 지나니
아 , 고색창연한 문창살이
하늘을 향해 살포시 치켜든 추녀가
내 마음 몽땅 빼앗았어요

두 눈 비비고 자세히 보니
배흘림기둥 뒤로 그때 그 친구들 치맛자락
아슴아슴 보였어요

자연, 그 구도求道의 세계

—原形心象의 노래

하 길 남 (시인, 수필가, 세계시인협회 회원)

1. 머리말을 대신하여

사람을 존재한다고 말하지 않는다. 실존實存한다고 말한다. 다 같은 생명체이면서 왜 하필 사람만은 그렇게 부르는가. 그것은 모든 생명체들이 두루 유전적 법칙에 의해 태어나고 본능적 삶을 영위해 가는데 비해, 우리 인간만은 스스로 자기를 만들어가는 존재이기 때문이다. 말하자면 존재가 본질에 앞서는 생명체인 까닭이다. 중국 전국시대 묵자墨子는 삶의 법도로 하늘 곧 자연을 닮는 삶을 살라고 했다.

그러나 이 세상에는 성인이 있는가 하면 인간 악마도 있는 것이 아닌가. 그래서 인간의 역사를 두고 '피의 목욕탕' 이라고 말해왔던 것이다. 서로 수많은 전쟁을 치르면서 끝없이 인명을 살상해왔기 때문이다.

인간의 삶이란 자기가 지향하고자 하는 목적의식을 두고 살게 된다. 그것을 우리는 인생관이니 세계관, 혹은 이념이라고 말해왔던 것이다. 우리는 신을 믿거나, 부처의 삶, 즉 해탈의 삶을 동경하기도 하는 것이다. 화자의 시에는 이 초월적 삶의 지평이 우리를 긴장하게 하고 있는 것을 보게 된다. 그러면서도 결코 난해하지 않고 쉽고 재미있게 읽혀지면서도 그 속에는 우리들이 지향해 나가야 할 꿈의 이랑이 펼쳐져 있는 것을 보게 된다. 화자는 결코 시적 기교를 탐하거나 경건한 몸짓을 허용하지 않는다. 지극히 평온한 눈짓으로 우리들에게 정답게 속삭일 뿐이다. 우리들에게 소곤소곤 귀엣말을 하면서 다정하게 다가온다. 군침이 돌게 말이다.

반겼네, 달려가네, 피어 있는데, 싶다. 갔지요, 보였어요.

하고 혼자 독백을 하는 것이 아니라, 독자들의 귀에 입술을 대고 속삭이는 것이다. 화자의 시는 친근감으로 우리들에게 호소를 하고 있는 것이다. 결코 내 시를 읽어달라고 담금질을 하지 않는다.

요즘 시들이 몹시 난해해졌다고 해서 시인들 간에 말들이 많은 것이 사실이다. 심지어 어떤 이는 작자 자신조차 알지 못하는 구절이 없지 않다고 지적한다. 그 공과를 한 마디로 말할 수는 없지만, 대체적으로 미래파들이 많은 부문 책임을 져야 할 것이라는 논란도 없지 않다. 필자 자신도 시가 난해하다는 평을 받은 바 있으니 할 말이 없다. 이럴 때 낭랑히 읽어보면서 쉽게 즐길 수 있는 시를 대하게 된 것은 기쁜 일이 아닐 수 없다.

2. 신념의 노래

화자의 시의 주제를 한 마디로 정의하라면 삶의 기준으로 하늘을 본받는 것이 된다. 하늘은 곧 자연으로 통한다. 중국 전국시대 묵자墨子는 하늘을 본받는 것은 자연과 통하는 것이며, 이러한 진리는 결국 이를 주재하는 '절대자에의 귀의歸依' 가 될 것이다. 화자의 경우는 불교 신자인 만큼 곧 부처에의 귀의가 된다 하겠다. 그래서 화자는 그의 시 〈폴리트비체 공원으로〉에서 한 눈 감지 않고 늘 눈을 뜬 채, 신에게로 달려간다고 노래하고 있는 것을 보게 된다.

> 시도 때도 없이 내 마음이 그곳으로 달려가네
> 발걸음도 가볍게 달려가네
> 아름다운 자연을 선사해준 내 마음의 신神이 있는 그곳으로

라고 술회하고 있는 것을 보게 된다. 상징적이나 우회적으로 넌지시 둘러서 말하지 않고 직설적으로 힘주어 진술하고 있는 것을 보게 된다. 그만큼 화자의 어투가 확신에 차 있는 모습을 보고 독자들은 미소를 지을는지 모를 일이 아닌가. 뿐만 아니라 화자는 또 부처님을 모시게 되는 것이다.

> 일주문 금강문 사천왕문 지나
> 대웅전 부처님께 인사 여쭙고 나오니
> 함께 간 문우들이 아자방 문고리를 잡고 소원을 빌고 있다

나는, 문 열고 들여다보기는커녕
둥근 문고리 잡지도 못하고 혼자 서성거렸다
혹시, 그리운 사람이 얼굴 내밀면
무슨 말을 할까?
보고픈 마음이 그리움의 등불을 주렁주렁 달고
밤마다 잠 못 들게 했다고
평소처럼 투정을 부려볼까?

그래.
그림자조차 떠오르지 않은들 어떠리
내 마음 깊은 곳에 당신은 이미
어여쁜 연꽃으로 피어 있는데…

—〈칠불사 아자방 앞에 서서〉에서

그렇다. 화자는 신과 더불어 부처님을 마음에 모시고 있는 것이다. 부처님께 인사하고, 등불을 주렁주렁 달고, 또 '연꽃으로 피어 있다.' 는 대목을 보면서 우리는 화자의 마음에 모신 부처님을 보게 되는 것이다. 이러한 불국정토의 길을 노래한 시로 역시 〈석이 생각〉을 들 수 있다. '불국정토에서 편안한 삶 누리시라/ 그곳에선 부디 행복하시라/ 어머님 아버님과 함께 왕생극락하시라/ 주문처럼 외우느라 울 수가 없었다.' 고 화자는 노래하고 있다. 뿐만 아니라 시 〈장마〉에서도 불국토를 노래하고 있는가 하면, 역시 자아 완성에의 의지를 불태우고 있는 것을 보게 된다.

장맛비 오는 날은
찾아오마는 사람 없어도 좋으리
작은 산새 한 마리
솔바람 거느리고 찾아와
높은 음으로 노래를 불러준다면
마음 닿아 찾아주는 사람 없어도
아껴둔 찻잔으로 차를 마시리
은은한 빛깔로 우려낸 작설차에
그리움은 취하리

장맛비 오는 날은 천수경을 외며
산새에게도 백팔 배를 올리며
가벼이
가벼이 날아오르리.

—시 〈장마〉 전문

라고 읊고 있다. 즉 부처님처럼 완성된 세계 그 피안의 세계로 발돋움하겠다는 의지를 드러내고 있는 것을 보게 된다. 여기서 우리가 지나치지 않고 주목하게 되는 것은 '산새에게 백팔 배를 한다.' 는 구절이다. 왜 만물의 영장이라는 사람이 미물에 불과한 산새에게 백팔 배를 올려야 하는가, 하는 의구심을 갖게 되는 것이다. 우리가 서문에서 사람이 실존적 존재임을 밝힌 바 있다. 그러나 사실 이 실존적 존재자로서의 자기 몫을 못하게 된다면 존재가치로서의 실격을 면치 못하는 것이 인간이기 때문이다. 인간은 바로 악마가 되기도 하는 것이 아닌가. 성인과 악마 사이를

오르내리는 존재가 바로 인간이기 때문이다.

그러나 화자는 끝내 '가벼이/ 가벼이 날아오르리.' 라고 힘주어 말하면서 마침내 승천昇天하기를 바라게 된다. 하늘로 날아오르겠다는 것은 자기완성에의 염원을 그린 독백인 것이다. 그것은 열반의 세계로의 발돋움, 마침내 이승에서의 인간적 성취를 이룬다는 달관에의 염원을 담게 되는 삶의 궁극적 현시顯示를 의미하게 된다.

이러한 화자의 염원을 뒷받침하는 시로 〈장마〉 이외 〈부석사 무량수전〉을 들 수 있다.

일주문 천왕문 계단을 단숨에 오르고
삼층석탑이나 국보 석등조차도 흘깃흘깃 지나니
아! 고색창연한 문창살이
하늘을 향해 살포시 치켜든 추녀가
내 마음 몽땅 빼앗았어요.

두 눈 비비고 자세히 보니
배흘림기둥 뒤로 그때 그 친구들 치맛자락
아슴아슴 보였어요.

—〈부석사 무량수전〉에서

여기서 하늘을 향한 화자의 의지를 읽을 수 있는 것이다. '하늘을 향해 치켜든 추녀가 화자의 마음을 몽땅 빼앗아갔으니' 말이다. 뿐만 아니라, '친구들 치맛자락까지' 일렁이었던 것이 아닌가. 참으로 여기서는 직선적이 아닌 간접적으로 넌지시 상징적으로 말하고 있는 모습을 보게 된

다. 이때 화자의 입술에서 미소가 스며 나오고 있는 것이 아닌가. 우리는 분명히 화자의 웃는 모습을 여기서 상상하게 되는 것이다.

앞에서 우리가 화자의 분명한 어투와는 다른 또 한 편의 모습을 보게 된다 하겠다. 여기서 화자의 직선적이면서도 강한 어투를 쓰던 모습과는 달리 은근한 상징성을 구사하면서 시적 양면성도 접하게 된다.

3. 원형심상原形心象

또 화자의 시에는 물의 이미지가 많이 나온다. 시 〈폴리트비체 공원으로〉를 보면 '호수' 라는 낱말이 4번 나온다. 그런가 하면, '물' 이라는 단어도 4번 나온다. 그리고 화자는 '16개의 호수' 라는 말을 하고 있어 이 시는 한 마디로 '물의 세계' 를 그린 시라해도 좋을 것이다.

물의 심상은 말할 것도 없이 '피요, 눈물이요, 정액이다' 이것은 결국 원형심상이 아닌가. 고대에는 삼라만상의 즉 우주생성의 원형물질을 물로 본 것이다. 물이 수증기, 즉 구름이 되는가 하면, 얼음이 되는 것처럼 만물의 조화를 부리는 물결, 변화무쌍한 조화의 늪이 아닌가. 생물을 키우면서 탄생을 주도하는 것이니 말이다.

그래서 우리는 이때 비를 자우慈雨라고 부르는 것이다. 하지만, 해일현상 즉 노한 파도가 밀려와서 모든 것을 파괴하고 휩쓸려 갈 때에는 파괴의 상징물로 보게 된다. 그래서 물은 문학에 있어서는 생성과 파괴라는 이율배반의 논리로 규정되는 것이다. 역시 〈요즘, 작은 행복〉이라는 시에서도 물의 이미지가 등장한다.

시냇물 소리
졸졸졸 정겹다

앙증스런 노랑어리연꽃
물가의 창포꽃에 눈길 주는 것도 즐겁다
아침 햇살 등지고 외는 신묘장구대다라니는
얼음물보다 더 시원하게 목젖을 적신다.

그분이 내게 있어 나는 달린다
등뼈 곳곳이 설 때까지

—〈요즘, 작은 행복〉에서

이외에도 시 〈석이 생각〉에서도 '물' '이슬' 등 물의 이미지가 나타나는 것을 우리는 보고 있는 것이다.

또 한 편의 시 〈안경처럼〉은 재미있는 작품이다. 버려져 있는 안경에 대한 연민의 정을 느끼게 하고 있다. 잊혀진 돋보기안경이 '편안히 누워 슬픔도 기쁨도 까맣게 잊고' 있다.

이른 새벽
공원 산책길 옆 벤치에
선이 굵은 안경이 얌전히 누워 있다

어젯밤부터인가

그제인가

아니, 그끄제부턴가

함초롬히 이슬에 젖고 있는 돋보기안경

행복한 이야기에 너무 취해 주인을 잃었을까?

혼자 궁상떨며 그리움에 빠져 있던 주인이 버렸을까?

건망증 중증인 내 모습처럼 가엾기 짝이 없다

(…중략…)

저 돋보기안경처럼 편안히 누워

슬픔도 기쁨도 까맣게 잊고 싶다.

—〈안경처럼〉에서

인간의 오감 중에서 눈이 제일 으뜸이다. 그래서 '살림에는 눈이 보배' 라는 말까지 생긴 것이 아니겠는가. 그 눈이 인간의 희로애락을 깜깜히 잊고 있다니 재미있는 표현이 아닌가. 여기서는 역시 '마음 비우기' 라는 등식을 채용해 올 수밖에 없다 하겠다. 한 마디로 이 시를 요약하자면 '잊혀 진 안경처럼 몽땅 눈감아버려라' 는 것이다. 그래서 그 안경은 '공원 산책길 옆 벤치에/ 얌전히 누워 있' 는 것이다. 벌써 잠이 든 것이 아닌가. '함초롬히 이슬에 젖' 어서 말이다.

그렇다. 앞에서 언급한 바와 같이, 그 창조적 물의 이미지를 생각해 보면, 이 시는 많은 의미를 우리에게 시사하고 있는 것을 알게 된다. 결국 해탈의 이미지를 읽게 되는 것이다.

그러나 이 시에서 또 주목되는 대목은 '행복한 이야기에 너무 취해 주

인을 잃었을까?' 하는 구절이다. 비우기는 결국 채우기의 연장선상에서 이야기될 것이 아닌가. 말하자면 이 채우기와 비우기와의 어떤 타협점에서 우리는 유유자적할 수 있을 것이라는 점이다. 그것이 사실상 무한자유인 셈이다. 생각도 내 것이지만, 나의 통제밖에 있다는 점에서 사실은 내 것이 아니라 하겠다. 이와 함께 또 한 편 잊혀 지지 않는 시는 〈석이 생각〉이다.

화자인 누이가 먼저 간 동생에 대한 그리움을 읊은 작품으로 감정을 절제하면서도 너무 애절하다.

너를 보내는 날도
49재를 올리는 날도
하늘이 나 대신 소리 내어 울어 주었다

이승의 반백 년, 고단했던 질곡의 삶
훌훌 털고
불국정토에서 편안한 삶 누리시라
그곳에선 부디 행복하시라
어머님 아버님과 함께 왕생극락하시라
주문처럼 외우느라 울 수가 없었다

이제는
같이 아구찜에 소주 한잔 곁들일 수 없고
크고 따뜻했던 손, 잡을 수 없지만

이승에서의 어진 성품 그대로
새벽 산책길 풀잎에 맺힌 이슬로라도 만나
네 손 한 번만 잡아보고 싶구나
서럽고 안타까운 누이의 이 마음 전할 수만 있다면

이 시는 다른 시보다 더 쉽게 써서 특별히 해설을 부칠 필요조차 없을 것이다. 먼저 이승을 등진 동생을 향한 누이의 애절한 마음이 구슬처럼 투명하게 가슴속을 굴러가고 있다. 여기서도 '울다,' '소주 한 잔', '풀잎에 맺힌 이슬' 등 원초적 물의 이미지를 떠올려 시의 원심력을 환기시켰다는 점을 알게 된다. 특별히 '따뜻한 손'이 언제까지나 이 시의 체온을 오래오래 가족과 독자들의 가슴을 데워줄 것이다.

4. 마무리

이상에서 주마간산走馬看山 격이지만, 김계자 시인의 시에 대해서 조명해 본 셈이다. 화자가 시 〈석이 생각〉에서 '네 손 한 번만 잡아보고 싶구나' 라고 노래했듯이 다정다감한 모습으로 다가서는 시적 감회 그대로 부담 없이 읊어보고 싶은 시심을 다시 한 번 되새겨 보게 된다.

별스럽게 화장도 하지 않는 맨 얼굴로 우리 앞에 다가서서 웃음을 머금고 있는 서민들의 화투장 같은 시. 그래서 한결 정이 가는 시라고 느껴졌다. 그렇듯 욕심 없는 시인에게 꿈자리라도 펼쳐놓고 싶다. 다음 시집을 위한 용심用心이라도 펼쳐 보이라고 말이다.

해를 거듭할수록 더 좋은 시 많이 써서 우리 시단 발전에 기여해 줄 것을 믿으면서 이만 무딘 붓을 놓는다.

특집 1

윤미향의 작품세계

충남 공주 출생
《한국수필》 신인상 수상
마산문협 사무국장

우리 동네 개 그리고 고양이 외 1

목욕탕에 갈 때마다 지나치는 골목이 있다. 아담한 집들 사이로 어린애 앞니 빠진 것처럼 터가 한 군데 비어 있는 골목이다.

그 빈 터에 제법 큰 잡종견 한 마리가 살고 있다. 내가 지날 때마다 꽁무니를 따라오지만 그곳을 벗어날 만하면 목에 매인 줄에 걸려 제자리걸음을 치다 도로 주저앉는다. 하지만 다른 놈들보다 목줄이 몇 배나 더 길어 빈 터 안에서는 제 마음대로 돌아다닌다.

넓은 터에 기왕이면 하고 크게 지었는지 녀석의 집도 개집치고는 꽤 크고 호사스럽다. 게다가 옆에는 커다란 평상까지 있어 동네사람들이 모여 앉아 놀고 있을 때는 덩달아 꼬리를 흔들어가며 심심치 않은 표정이다. 사람들이 없을 때는 대신 올라가 갈지자로 누워 따사로운 햇볕을 받으며 늘어지게 오수를 즐기곤 한다.

잡종견 발치에는 항상 반쯤 먹다 남은 밥그릇이 굴러다닌다. 된장이나

생선찌개 국물에 밥 한술 말은 것이긴 해도, 요즘 사료만 먹고 사는 다른 놈들에 비하면 그래도 호강이다. 순한 얼굴로 짖거나 낑낑거리는 소리 한번 잘 내지 않는 것을 보면 욕구불만이라고는 전혀 없는 녀석 같다. 하기야 종일 먹을 것을 찾아 온 동네를 헤매고 돌아다녀야 하는 도둑고양이에 비한다면, 사방 몇 미터 되지 않는 작은 공간이 잡종견에겐 더 이상 바랄 것 없는 요람일 것이다.

음식쓰레기를 들고 쓰레기장에 가면 어김없이 나타나는 고양이가 있다. 쓰레기통이 얼마나 단단한지 뚜껑이 닫혀 있으면 썩은 국물 한 방울도 동냥하기 힘들다. 내가 있을 때 요기하라며 아무리 손짓해도 경계만 할 뿐 절대 다가오지 않는다. 숨어 있어 봐도 소용없어 하는 수 없이 뚜껑을 닫아버리고 몰인정하게 돌아선다.

먹을 것을 찾는다고 쓰레기통을 흩뜨려 놓았거나, 널어놓은 생선에 손이라도 댔다가 사람들에게 된통 혼이 났는지 모를 일이다. 아니면 도둑고양이 생활이 초보라서 스스로 자존심을 버린다는 것이 아직은 용납할 수가 없었는지도 모른다.

말끔한 도시 주택가 골목에서 먹이를 찾는 일은 결코 쉽지 않다. 더구나 사람의 손길조차 받아들이지 못하니 주인 없는 동물로서의 삶이 얼마나 고달플 것인가. 채워지지 않는 욕구로 늘 야옹거리고 퀭한 눈동자로 골목을 서성이는 모습을 보면 내일을 기약할 수 없는 불안한 생존이 안타깝기만 하다.

어느 날 창밖에서 개 짖는 소리가 들렸다. 좀체 짖는 일이 없어 처음엔 다른 놈인 줄 알았다. 그런데 계속 시끄러워 혹시나 하며 내다본 골목 풍경은 뜻밖이었다. 고양이가 지붕 위에 올라가 잡종견을 물끄러미 내려다보고 있고, 잡종견은 고양이를 올려다보며 마구 짖어대고 있는 것 아닌

가. 마치 부러워하고 있는 고양이에게 자신의 영역을 넘볼 생각은 아예 하지도 말라는 듯 잡종견이 지레 경계하는 모습 같아 안쓰러울 지경이었다.

하지만 도도한 고양이 눈빛은 그게 아니었다. 자신의 의지대로 마음껏 돌아다니지 못할 바에야 편안한 삶이 무슨 의미냐며 오히려 잡종견을 비웃는 것 같아 충격이었다. 좁은 빈 터가 세상 전부인 줄 알고 안일하게만 살아가느니, 차라리 하루를 살더라도 여전히 자유로운 삶을 선택하리라 결심이라도 한 듯 미련 없이 담장 너머로 사라져버렸다.

고양이 뒤를 쫓으려다 목에 매인 줄에 걸려 되돌아오길 몇 차례 반복한 뒤에야 상기된 목소리를 겨우 가라앉히던 잡종견이 며칠째 보이지 않는다. 주인과 잠시 출타 중인가 싶어 대수롭지 않게 여겼는데, 문득 생각이 나서 창밖을 내다보니 남아 있던 개집조차 사라지고 빈 터가 말끔하게 치워져 있어 가슴이 철렁했다. 배부르고 등 따셔 천하에 걱정근심 없는 놈이 잡종견인 줄 알았더니 착각이었을까. 그렇다면 그날 그토록 짖어댄 이유가 고양이를 따라가지 못해 안타까워서였단 말인가.

쓰레기장에 가면 여전히 내 주위를 배회하고 있는 고양이가 있다. 자유롭게 돌아다니며 자신의 삶을 스스로 경영하기에 이제 더 이상 불쌍하지 않은 당당한 영혼이었다.

공평하다

가끔 세상이 공평하다는 것을 깨닫는다. 가난한 나라의 행복지수가 높은 것이나 잘사는 나라의 행복지수가 낮다는 것은 정말 공평하다. 만약 가난해서 불행하기만 하다거나 부유해서 행복하기만 하다면, 불공평한 것은 차치하고 고통스러워 죽든 한가해 죽든 인류는 종내 멸종하지 않을까 싶다.

개미와 베짱이 이야기를 생각하면 사는 일이 두루 공평함을 깨닫지 않을 수 없다. 젊어 열심히 일한 개미가 늙어 편안하게 사는 것과 놀기만 했던 베짱이가 배고픔에 시달리는 것은 당연하니 역시 공평하다.

요즘은 뼈 빠지게 일해서 모은 재산을 개미는 관절염 치료비로 모두 탕진하고, 노래를 좋아하던 베짱이는 후에 유명한 가수가 되어 크게 성공한다고 결말이 바뀌었다. 욕심이 지나치면 화를 부르고 좋아하는 것 외에 안분지족하면 복을 받는다는 것이니 마찬가지로 공평하다.

안락한 노후를 위해서건 지나친 욕심 때문이건 열심히 일할 수 있는 것만으로도 개미는 충분히 행복한 삶을 산 것이라 느껴진다. 베짱이 역시 내일이야 어떻든 오늘 하루 즐거운 것으로 만족할 수 있다면 결국 후회 없는 삶을 산 셈이니 가치관을 미루어 짐작해도 공평하다.

나는 젊었을 때 개미와 비슷했다. 오늘은 좀 누추해도 빛나는 내일을 위해서라면 참고 인내하는 것이 최선이라고 생각했다. 내핍한 생활은 물론이고 한가하게 보내는 시간조차 불안해서 무언가 하고 있지 않으면 마음이 조급해 미래를 위해 현재쯤은 기꺼이 희생해도 괜찮다고 여겼다.

하지만 내일을 위해 오늘의 욕구를 자제한다는 것은 큰 고통이었다. 또 행복한 내일은 오지 않고 불행한 오늘만 연속이었다. 이제 더 이상 젊지 않아 오지 않는 미래를 마냥 기다릴 수도 없었다. 차라리 매일매일 행복한 오늘을 살아가는 게 현명한 것 같아 나는 다시 현재를 선택했다.

베짱이처럼 살면 매사 편하게 생각하고 행동해 발전 없는 것이 탈이다. 지금 살고 있는 집도 개미처럼 애면글면할 때 장만한 것이고 만학의 열정을 태운 것도 그때였다. 실제 베짱이 생활로 접어든 뒤로는 이룬 게 거의 없어 도태되는 것이 아닌가하고 불안했다. 그러나 베짱이와 같은 느긋함으로 다시 생각해보면, 부정적이던 사람이 긍정적으로 변하고 마음에 여유가 생겨 작은 것에도 고마워할 줄 알게 되었으니, 결국 가치관에 따라 선택된 삶을 살아갈 뿐 얻는 것은 마찬가지이니 공평하다.

키 큰 친구가 말하길, 키 작은 여자는 남자에게 보호본능을 일으키는 것 같아 부럽다고 해 폭소했던 기억이 난다. 작은 사람을 위로하려는 것이라고 일축했더니 크면 멋있다 소리는 들을망정 귀엽다 소리는 절대 들을 수 없다며 손사래를 친다. 작은 사람은 서툴러도 귀엽게 봐주지만 큰 사람은 허우대만 멀쩡하고 싱겁다 소리 듣기 십상이라 더 애쓰게 된다고

덧붙였다.

키와 능력은 비례하지 않는다는 사실을 증명이라도 하려는 듯 나는 키 큰 사람보다 몇 배나 더 노력했던 것 같다. 열심히 하는 것 외에 작은 키를 보완할 방법이 달리 없다고 믿었기 때문이다. 그런데 키 큰 사람은 또 키가 커서 애를 쓰고 살았다니 세상사 공평함에 무릎을 치지 않을 수 없다.

좋은 일에는 반드시 나쁜 일이 겹쳐 호사다마라 한다. 나쁜 일만 거듭되거나 좋은 일이 반복되는 경우는 드물다는 얘기다. 나쁜 일은 겪으면 겪을수록 삶의 자세가 성숙하고 진지해져 잃기만 하는 것은 아니었다. 또 좋은 일이 생기면 자칫 방심하기 쉬워 얻기만 하는 것도 아니었다. 문제는 좋은 일이 생겼을 때 전에 겪었던 나쁜 일에 대한 보상이라거나, 앞으로 겪게 될 나쁜 일에 대한 보상을 미리 받는 것쯤으로 생각하지 못하는데 있는 것 같다. 행복한 순간은 금방 잊어버리고 고통스러운 것만 기억하며 두고두고 세상이 불공평하다고 생각하는 것이다.

세상이 애초 불공평하지 않았다면 공평하다는 것도 원래는 없던 개념 아닐까. 결국 내가 성숙하지 못해 갖게 된 편견이라면 주어진 대로 살 뿐이며 뿌린 대로 거둘 뿐이다.

일상의 깨달음과 평범의 미소

—윤미향의 수필세계

鄭 木 日 (한국수필가협회 이사장 · 한국문협 부이사장)

1.

윤미향의 수필은 산길에서 주운 청자 사금파리같이 맑은 얼굴을 지녔다. 특별하거나 화려하지 않고 소박하다. 모란과 난蘭, 장미를 고집하지 않고 어떤 곳에도 적응하며 피어나는 민들레꽃 같은 수필이다.

민들레는 아무리 척박한 환경과 좁은 공간일지라도 씨앗이 떨어진 자리가 우주의 중심임을 안다. 생명의 집중력과 혼신의 힘을 쏟아 씨앗을 발아시키고, 자신의 선 자리를 굳건히 지켜서 희망의 영토로 만들어 낸다.

온갖 시련과 수난에도 묵묵히 견뎌낸 민들레는 땅에 닿은 듯 몸을 엎드려 있지만, 마침내 눈부신 황금빛 꽃을 피워낸다. 해처럼 환하고 찬란

하다.

민들레꽃은 꽃씨마다 날개를 달고 하늘 높이 날아오른다. 꽃씨는 바람을 타고 훨훨 날아 들판과 바다를 건넌다. 미지의 세계로 날아가 민들레의 영토를 만들어간다. 여리고 약해 보이지만 강인하고 참을성이 있는 꽃이다.

윤미향의 수필은 민들레꽃과도 같이 휴식과 안도, 평안을 준다. 무엇이든 이기려고 열을 올리며 첨예한 시선으로 부딪치지 않고, 조금 비켜서서 천천히 갈 줄 안다. 경쟁에서 일등을 한 사람의 얼굴에는 승리의 긍지감이 있지만, 평안과 배려의 표정이 없다. 일상의 평범함과 삶을 통찰하면서, 마음의 연마를 통한 삶의 의미와 가치를 찾아내려고 한다. 이런 마음의 성숙, 고요한 달관과 자각의 표정을 보여주고 있다.

2.

수필을 쓰려면 마음속에 촛불을 켜야 한다. 촛불이 켜진 자리가 자신을 만날 수 있는 중심점이다. 작가인 내가 주인공인 나를 살피고 있다. 사색의 한복판에 앉아야 한다. 그곳에 내면의 얼굴을 들여다볼 수 있는 마음의 거울이 있다. 마음의 거울이 깨끗하고 청결하여야 영혼의 모습을 바라볼 수 있다. 사소한 일상의 흥미와 쾌락에 빠져서 수필을 쓰지 못한다면, 자신의 내면을 볼 수 없고, 삶의 발견과 의미도 놓쳐버린다.

마음속에 샘을 파두어서 맑은 샘물이 뿜어 올라야 한다. 정화수井華水로 마음을 씻어내 투명하게 해놓아야, 생각이 막히지 않고 뿜어 오른다.

수필의 바탕은 진실과 순수이다. 수필가는 부단히 마음의 때와 얼룩과

먼지를 닦아내야 한다. 마음의 연마, 인생의 연마가 있어야 제 모습을 들여다볼 수 있다.

수필만큼 삶을 확장시키고 스스로 깨달음에 이르게 하고, 영원과 대화할 수 있는 벗도 없을 성싶다. 수필은 마음을 맑게 해주는 정화수요, 안정과 평화를 안겨준다. 수필은 고백과 토로를 통해 갈등, 반목, 대립, 원한, 열등감에서 벗어나게 하는 치유사治癒使가 돼주기도 한다.

수필 쓰기를 통해 얻는 기쁨은 스쳐가는 시 · 공간을 보면서 인생을 발견하고 있다는 자각이다. 수필을 쓰면서 이 순간 심장의 고동 소리를 듣고, 영원의 숨결을 의식할 수 있음은 얼마나 다행한 일인가.

수필가는 원대한 꿈과 패기를 자랑하지 않는다. 소박하고 진실한 삶의 의미를 꽃피우려 할 뿐이다. 수필 쓰기는 진실의 숨결, 인생의 발견, 미학의 창조, 의미의 부여일 것이다. 스스로 한 송이씩의 인생이라는 의미의 꽃을 피워내는 일이다.

수필쓰기는 일상 중에서 의미의 금싸라기를 찾아내는 일이다. 탐욕에서 벗어나 마음의 눈이 밝아야 인생의 발견과 의미를 캐낼 수 있다. 수필은 상상을 통해 꾸며내는 세계가 아니라, 체험을 통해 인생의 가치와 아름다움을 찾아내는 세계이다.

나는 '둘째 딸 같다' 는 말을 자주 듣는다.

둘째 하면 떠오르는 이미지가 뚜렷하지 않다. 자기밖에 모르는 이기적인 태도를 꼬집는 것인지 아니면 독립적인 성격을 말하는 것인지 가늠이 잘 되지 않는다. 첫째나 셋째 같으면 '살림밑천' 이라거나 '선도 안 보고 데려간다' 는 식으로 반은 거저먹고 들어갈 수 있다. 그런데 둘째라는 현실은 애써봤자 본전이고 그나마 깎이지 않으면 다행이니 좋은 뜻이 아님

을 미루어 짐작할 뿐이다.

내 어머니 역시 아들이라면 모두 귀하게 여기는 분이셨다. 가난하고 식구 많은 집 맏딸로 태어난 언니는 부지런해서 없으면 오히려 아쉬운 딸이었고, 막내였던 동생은 유순하고 착해서 더욱 예뻐하셨다. 문제는 위치로나 인성으로나 보잘것없는 둘째였는데, 어머니는 가끔 '그래 너도 있었지' 하는 표정으로 무심했던 마음을 곧잘 들키곤 하셨다. 자라면서 서운한 생각이 들지 않을 만큼 단련은 되었지만 둘째처럼 키워지는 데는 도리 없었다.

'공부해라' '일찍 들어와라' 다른 아이들이 흔히 듣는 소리를 나는 그리워하며 자랐다. 해 지기 전에 아이를 불러들이고 대문을 걸어 잠그는 엄마가 없어 슬프고 우울했다. '우리 엄마도 저랬으면……' 혼자 남겨진 골목에서 긴 그림자를 바라보며 속삭였다. 정해진 시간에 먹고 자고 공부할 수 있다면 천덕꾸러기 신세에서 거뜬히 벗어날 수 있을 것 같았다.

나는 언니나 동생처럼 여물지 못했다. 아침에 일어나 학교에 가고 적당히 놀다 집에 돌아와 숙제하는 평범한 일상조차 따라하지 못해 늘 쩔쩔맸다. '적당히' 라는 것은 언제나 '내가 원하는 만큼' 이 되어 지각을 하고 해를 넘겨 귀가하기 일쑤였지만, 오히려 나무래 줄 사람 없는 현실이 더 두렵고 불안했다. 실망조차 주지 못하는 인생 누가 책임져줄 것인가. 마음 내키는 대로 살고자 할수록 '어떻게 공부하고 무엇이 될 것이며 왜 사느냐' 는 문제가 명징해서 뒷덜미가 항상 서늘했다.

힘센 형제들에게 먹이를 빼앗겨 굶어 죽어가고 있는 새끼를 끝내 돌보지 않는 어미 새를 본 적이 있다. 물어다 주는 먹이조차 챙기지 못하면 자란 뒤 스스로 살아가는 것이 불가능하다고 판단했을까. 둥지 밖으로 떠밀려 도태되지 않으려면 어떻게든 살아남아야 한다는 현실이 섬뜩했다. 냉

혹한 세상을 인식하면서부터 나는 '나' 라는 화두 하나에 매달려 자신에게만 천착했다. 나는 어떡하나, 나는 저렇게 되지 말아야지, 나는 또 나는……

—〈둘째 딸〉 일부

살아가는 데 있어서 중요한 요인이 되는 성격 형성은 부모의 유전자와 성장 환경에 의해 영향을 받게 마련이다. 장남과 장녀, 차남과 차녀, 막내 등의 순서와 당시 가정 형편에 따라서 개인의 운명이 바뀔 수도 있으며 타고난 성격에 따라 달라지기도 한다.

둘째 딸로 태어난 작자의 성격 형성과 삶의 태도에 관한 성찰을 보여주고 있는 작품이다. 첫딸은 '살림 밑천' 셋째 딸은 '귀염둥이' 라는 말을 듣지만, 둘째 딸은 태생적으로 시선과 관심을 받지 못하는 경우가 많다. 작자는 남달리 시선을 받지 못한 유년기를 살피면서 자신만의 생각과 의지로 삶의 길을 개척해야 한다는 의식을 갖게 되었음을 토로하고 있다.

누구나 쉽게 권하고 받는 물건이 껌이라지만 가지고 있을 때보다 없을 때가 더 많고 주머니에 있다 해도 일부러 신경 쓰지 않는 한 잊어버리기 십상이다. 함께한 사람이 마땅치 않아도 꺼내기 싫을 것 같고 귀찮아서라도 모르는 척 그냥 넘기는 게 껌이다. 그런데도 그녀는 함께 식사만 했다 하면 누구에게나 거르지 않고 '껌 드릴까예' 한다.

내가 감동하는 까닭은 그 소리를 언제나 처음처럼 한다는 것이다. '이제 껌 씹을 시간이네' 라거나 '껌은 내 담당' 이라며 거르지 않는 자신의 행동을 은근히 자랑하고 싶을 것 같기도 하다. 나 같으면 아예 '껌 챙기는 사람은 나뿐이지예' 라며 농담처럼 노골적으로 드러낼 것 같다. 하지만 그

녀는 어쩌다 가방 속에 든 껌을 처음 발견한 듯 매번 능청스럽게 '껌 드릴까예' 한다.

네댓 번 반복될 때까지도 나는 그녀에게 그토록 여러 번 껌을 받았다는 사실을 의식하지 못했다. 어느 비 오는 날 저녁이었다. 식사를 마치고 우르르 식당을 몰려나와 다음 행선지를 정하지 못해 서성거릴 때였다. 우산을 받쳐 든 채 벌써 반쪽으로 나눈 껌을 우리들 손에 하나씩 쥐어주고 있는 그녀를 보는 순간, 비로소 그녀가 우리를 위해 계획한 깜찍한 배려였음을 깨달았다.

그날 이후로 반쪽의 껌을 씹는 일이 나는 어린아이처럼 즐거웠다. 그녀가 껌을 내미는 순간이 기다려지고 혹여 오늘이 마지막일까 걱정이었다. 입 안에서 겉돌 만큼 아주 작은 껌이었지만 오물거릴 때마다 나도 덩달아 따뜻한 그녀를 닮는 것 같은 환상에 젖을 수 있어 좋았다. 반쪽의 껌을 받아 손바닥 위에 올려놓으면 무게라고는 전혀 느껴지지 않는다. 도대체 작고 가벼운 껌 속 어디에다 그토록 많은 정을 숨겨놓았던 것일까.

생각해보면 정이 실리지 않은 가벼운 껌조차 나는 내밀어 보지 않았다. 별것이 아니어서 내밀지 못하고 주는 것이 익숙지 않아 내밀지 못한다. 엊그제도 야채 한 주먹 들고 앞집으로 갔다가 차마 초인종을 누르지 못해 문 앞에 두고 그냥 돌아섰다. 그동안 그럴싸한 것 한번 건네지 않다가 겨우 푸성귀나 들고 왔다고 흉을 볼까 겁이 났던 것이다. 그랬다. 천원 이천원이면 할 수 있는 전화모금운동에도 다음에 제대로 기부하는 것이 효과적이라며 동참하지 않았다.

그녀의 껌을 씹노라면 나누는 것은 진정 물질이 아니라 마음이라는 사실을 깨닫는다. 별것이 아니라는 생각도 물질로 보기 때문이고, 건네는 것이 쑥스러운 것도 마음을 싣지 못하기 때문이다. '별것' 이 생긴다 해도

막상 아까워 나누지 못할 것이고 '다음에' 했다가도 정작 때가 되면 아직 멀었다며 발뺌할 것이다. 진심으로 나누고자 하는 마음이 생기지 않는다면 반쪽의 껌이나마 결코 먼저 내밀지는 못할 일이다.

그녀의 가방 속에는 뜯지 않은 여분의 껌이 항상 들어 있다. 다른 사람을 위해 껌을 준비하는 마음은 어떤 것일까. 남을 생각한다는 것은 결국 자신을 위한 일도 되는 것일까. 애를 쓰다보면, 가방 속에 껌이 떨어지지 않게 할 부지런함과 한 번도 거르지 않을 정성 그리고 사람을 가리지 않을 인격이 나에게도 과연 생길 것인가.

껌 드릴까예…… 혼자 속삭여 본다. 평소 쓰지 않던 말투에다 서툰 사투리가 어색해 아무래도 그녀만큼 능청스럽기는 어려울 것 같다.

—〈껌 드릴까예〉 일부

〈껌 드릴까예〉는 평범한 소재이다. 생활 주변에서 흔한 모습이고, 눈여겨보지 않는 사소한 일이기도 하다.

윤미향의 관심은 특별, 기적, 황홀, 찬란한 쪽에 있지 있다. 수수하지만 의미가 있고, 대수롭지 않은 것들에서 가치를 발견하는 데 관심을 둔다. 승패를 겨루고 등위를 따지는 세속에서 한 발 물러서서 자신의 좌표를 점검한다. 흔들리지 않은 평상심과 고요를 맞아들일 줄 안다. 색깔로 말하면 화려하고 개성적인 원색이 아니다. 어느 쪽에도 이해와 조화를 이룰 수 있는 간색을 띠고 있다.

〈껌 드릴까예〉는 배려의 빛깔을 드러낸다. 자기주장이 강한 사람과는 달리 조용하게 남을 돕는 봉사자의 마음을 포용하고 있다. 눈에 보이지 않는 작은 친절, 마음이 보내는 배려의 미소 때문에 주변이 환하게 밝아지기도 한다.

마음의 여유가 없어서 "껌 하나 드릴까예"라는 친절과 배려를 보이지 못하는 경우가 많다. 평소에 배려와 봉사정신이 없었다면 자연스러운 건넴이 이뤄지지 않는다.

〈껌 드릴까예〉는 일상의 발견과 성찰을 보여준다. 스케일이 큰 사건을 다룬 소재보다도 평범함과 사소한 일상에서 찾은 보통의 일들에서 발견하는 삶의 의미와 지혜가 환히 피어있다.

3.

어느 날 창밖에서 개 짖는 소리가 들렸다. 좀체 짖는 일이 없어 처음엔 다른 놈인 줄 알았다. 그런데 계속 시끄러워 혹시나 하며 내다본 골목 풍경은 뜻밖이었다. 고양이가 지붕위에 올라가 잡종견을 물끄러미 내려다보고 있고, 잡종견은 고양이를 올려다보며 마구 짖어대고 있는 것 아닌가. 마치 부러워하고 있는 고양이에게 자신의 영역을 넘볼 생각은 아예 하지도 말라는 듯 지레 경계하는 모습 같아 안쓰러울 지경이었다.

하지만 뜻밖에도 고양이 눈빛은 그게 아니었다. 자신의 의지대로 마음껏 돌아다니지 못할 바에야 편안한 삶이 무슨 의미냐며 오히려 잡종견을 비웃는 것 같아 충격이었다. 좁은 빈터가 세상 전부인 줄 알고 안일하게만 살아가느니, 차라리 하루를 살더라도 자유로운 삶을 선택하리라 결심이라도 한 듯 도도하게 담장너머로 사라져버렸다.

고양이 뒤를 쫓으려다 목에 매인 줄에 걸려 되돌아오길 몇 차례 반복하던 잡종견이 벌써 며칠째 보이지 않는다. 주인과 출타 중인가 싶어 대수롭지 않게 여겼는데 문득 생각이 나서 창밖을 내다보니 남아 있던 개집조

차 사라지고 빈터가 말끔하게 치워져 있어 가슴이 철렁했다. 배부르고 등 따셔 천하에 걱정근심 없는 놈이 잡종견인 줄 알았는데 착각이었을까. 그렇다면 그날 그토록 짖어댄 이유가 혹시 고양이를 따라가지 못해 안타까워서였단 말인가.

쓰레기장에 가면 여전히 내 주위를 배회하고 있는 고양이가 있다. 자유롭게 돌아다니며 스스로 자신의 삶을 경영하기에 더 이상 불쌍하지 않은 당당한 영혼이었다.

—〈우리 동네 개 그리고 고양이〉 일부

동네에 있는 개와 고양이의 관찰문이다. 고양이와 개는 생존에 있어서 서로 적대 관계이며 경계 대상이다. 항상 상대를 관찰하면서 예민하게 삶의 영역을 침해받지 않으려 신경을 곤두세운다. 개는 목에 줄이 매인 채 주인집에 예속이 돼 있으나, 먹이를 제공받아 떠돌 이유가 없이 편안한 삶을 유지할 수 있다. 고양이는 자유로운 몸이지만 먹이를 구하기 위해 쓰레기통을 뒤져야 하는 궁색함을 면하기 어렵다.

살아가는 데 있어서 행동의 자유와 먹을거리 해결은 기본권에 속한다. 고양이와 개의 처지에 있어서 비교 우위를 따지자는 게 아니다. 개처럼 자유가 구속되는 삶은 권력자에게 예속된 노예와 같은 삶이라면, 쓰레기통을 배회하는 고양이라 할지라도 '자유롭게 돌아다니며 자신의 삶을 스스로 경영하기에 더 이상 불쌍하지 않은 당당한 영혼' 을 가짐으로써 자립과 자유를 얻는 존재이다. 작자는 '자유롭고 독립적인 영혼' 이기를 원하고 있다. 삶이란 주변의 환경에 의해서라기보다도 자신의 의지와 철학에 따라 스스로 경영하는 주체가 돼야 함을 인식하고 있다. 개와 고양이의 얘기를 통해 인간의 삶에 대한 성찰과 견해를 표명하고 있다. 작가

의식이 선명히 드러나는 대목이다.

4.

〈공평하다〉는 윤미향의 평범함의 표정이 잘 드러난 작품이다. 윤미향은 수필의 지향점을 삶의 발견과 깨달음에 두고 있다. 훌륭한 문장을 앞세우려 들지 않고 좋은 삶의 길을 먼저 생각한다. 수필의 길을 제대로 알고 가고 있다.

수필은 소설과는 달리 논픽션이기에 진실을 바탕 삼는다. '문장이 곧 사람' 인 수필의 경우에 있어선 수필경지는 곧 인생경지가 된다. 많은 수필가들이 '문장을 어떻게 쓸까?' 에 관심을 둘 뿐, '인생을 어떻게 살까?' 엔 관심이 덜하다. 수필가 윤미향은 자신의 인생에 대한 철저한 성찰과 점검을 통해 인생의 가치와 의미를 생각하고, 수필을 통해 삶의 한계와 깊이를 확대하려는 의식을 보여줌으로써 진정한 수필가의 면모를 보여주고 있다.

> 나는 젊었을 때 개미와 비슷했다. 오늘은 좀 누추해도 빛나는 내일을 위해서라면 참고 인내하는 것이 최선이라고 생각했다. 내핍한 생활은 물론이고 한가하게 보내는 시간조차 불안해서 무언가 하고 있지 않으면 마음이 조급해 미래를 위해 현재쯤은 기꺼이 희생해도 괜찮다고 여겼다.
>
> 하지만 내일을 위해 오늘의 욕구를 자제한다는 것은 큰 고통이었다. 또 행복한 내일은 오지 않고 불행한 오늘만 연속이었다. 이제 더 이상 젊지 않아 오지 않는 미래를 마냥 기다릴 수도 없었다. 차라리 매일매일 행복

한 오늘을 살아가는 게 현명한 것 같아 나는 다시 현재를 선택했다.

베짱이처럼 살면 매사 편하게 생각하고 행동해 발전 없는 것이 탈이다. 지금 살고 있는 집도 개미처럼 애면글면할 때 장만한 것이고 만학의 열정을 태운 것도 그때였다. 실제 베짱이 생활로 접어든 뒤로는 이룬 게 거의 없어 도태되는 것이 아닌가 하고 불안했다. 그러나 베짱이와 같은 느긋함으로 다시 생각해보면, 부정적이던 사람이 긍정적으로 변하고 마음에 여유가 생겨 작은 것에도 고마워할 줄 알게 되었으니, 결국 가치관에 따라 선택된 삶을 살아갈 뿐 얻는 것은 마찬가지이니 공평하다.

키 큰 친구가 말하길, 키 작은 여자는 남자에게 보호본능을 일으키는 것 같아 부럽다고 해 폭소했던 기억이 난다. 작은 사람을 위로하려는 것이라고 일축했더니 크면 멋있다 소리는 들을망정 귀엽다 소리는 절대 들을 수 없다며 손사래를 친다. 작은 사람은 서툴러도 귀엽게 봐주지만 큰 사람은 허우대만 멀쩡하고 싱겁다 소리 듣기 십상이라 더 애쓰게 된다고 덧붙였다.

키와 능력은 비례하지 않는다는 사실을 증명이라도 하려는 듯 나는 키 큰 사람보다 몇 배나 더 노력했던 것 같다. 열심히 하는 것 외에 작은 키를 보완할 방법이 달리 없다고 믿었기 때문이다. 그런데 키 큰 사람은 또 키가 커서 애를 쓰고 살았다니 세상사 공평함에 무릎을 치지 않을 수 없다.

좋은 일에는 반드시 나쁜 일이 겹쳐 호사다마라 한다. 나쁜 일만 거듭되거나 좋은 일이 반복되는 경우는 드물다는 얘기다. 나쁜 일은 겪으면 겪을수록 삶의 자세가 성숙하고 진지해져 잃기만 하는 것은 아니었다. 또 좋은 일이 생기면 자칫 방심하기 쉬워 얻기만 하는 것도 아니었다. 문제는 좋은 일이 생겼을 때 전에 겪었던 나쁜 일에 대한 보상이라거나, 앞으로 겪게 될 나쁜 일에 대한 보상을 미리 받는 것쯤으로 생각하지 못하는

데 있는 것 같다. 행복한 순간은 금방 잊어버리고 고통스러운 것만 기억하며 두고두고 세상이 불공평하다고 생각하는 것이다.

세상이 애초 불공평하지 않았다면 공평하다는 것도 원래는 없던 개념 아닌가. 결국 내가 성숙하지 못해 갖게 된 편견이라면 주어진 대로 살 뿐이며 뿌린 대로 거둘 뿐이다.

—〈공평하다〉 일부

5.

윤미향은 수필에의 행보를 서두르지 않고 홀로 자신의 길을 찾아 제 빛깔과 모습을 내며 가고 있다. 조용하고 성실한 행보이다. 내실과 성숙을 위한 걸음과 눈매가 예사롭지 않다.

평범함의 미소는 일상의 깨달음으로부터 나온다. 미동도 하지 말고, 자신이 가는 행보대로 멈추지 말고 완성과 구도의 길로 내처 가길 바란다.

■ 시

서인숙
강지연
김명희
김미숙

■ 시조

김진희
박성임
이분헌
이숙자
하순희

■ 수필

이주언
한후남
허숙영

특집 2

남해문학기행

■ 서 인 숙

유배지에서 생긴 일

—남해기행

섬은 섬이 아닌 채
수많은 섬들을 거느리고 있는 남해
하늘을 받들어
속죄하고 있다
역사의 죄
유배된 혼령들이 떠도는 억센 파도 속에서
소리가 들려온다
누가 죄인인가
누가 용서하였는가
그렇게 긴 세월로 화해를 이루고 있었다
사월이여!
새순들이 나부끼는 바다의 낙원
여기가 어디인가
꽃들은 자욱하게 피고 있는데
우리가 사랑한 꽃들은 어디서 피고 있는가.
함박꽃, 도라지꽃, 접시꽃, 봉숭아꽃들 말이야
온통 튤립, 수선화 꽃들이 들녘을 메우며
피고 지고 있다.
태평양 끝자락 이곳에도 서구의 물결이 굽이치고 있다

구라파를 닮고 싶은가.
아니야. 한국적이어야 해!
누군가 소릴 높였다.
그냥 유채꽃 속에서 노랗게 물들어 나비처럼 깡충거렸다.
섬은 섬이 아닌 채
유배의 땅이었던 피비린내를 씻고
세상을 향해 화해의 깃발을 펄럭이고 있는 곳
새로운 도시의 도전이 시작되고 있었다.
해가 진 노을은 섬과 섬들을 붉게 색칠하여
저 하늘 구름 곁에 옮겨 놓았다
그리고 어둠 속에서 꿈꾸게 하였다.

■ 강 지 연

유배의 땅 남해에서

*어머니를 그리워하며
오늘 아침 사친思親의 시詩를 쓰려는데
글씨도 이루기 전에
눈물이 앞을 가리우네
몇 번이나 붓을 적시다 도로 던져 버렸나!*

돌아갈 수 없는 사대부
뱃전을 스치던 백의도포
서늘한 소맷자락
낙일 만리 어머님
만단수심
눌러도 하염없던 그날의 부표처럼
말 달리듯 달리던 적막 하나
절해고도 이 흔적 안

아득한 벼랑 끝
시퍼런 날을 샛바람에 씻고
스러져 가던 것들의 배후에
어둠살 돋던 적벽의 소리

*〈사친思親 – 어머니를 그리워하며〉 : 서포 김만중 선생이 어머님을 그리워하며 쓴 시.

■ 김 명 희

남해문장

주제는 바다로 달렸다

절경이 가로 막으니 절창이 따르지 못해

아직 맨발인 시인*

필생에 건너지 못한 시조의 바다

새파란 시어가 마늘쫑처럼 올라왔다

금산 · 상주 · 다랭이마을 그리고

민낯물빛의 훤칠한 이마

튤립이 차례로 붓을 들었다

*박평주 시조시인

■ 김 미 숙

구운몽*

—남해 유배문학관에서

암자의 불을 끄고
잠시 세상에 나아감이라

세상은전쟁의땅난세는영웅을만드니공을세워
벼슬이오르고궁궐같은집을지어정경패와난양
공주팔선녀모두무릎에앉히니꿈은이루어진다
는그말이제야알듯하고세상이내것이라바다건
너그대들도e-편한세상궁궐같은아이파크롯데
캐슬에서세상을내려다보면서와인향기우아한
돔페리뇽이나샤또무똥마시며똥싸고앉은땅이
그대들의전쟁터라는것을아는지모르는지육관
대사지팡이소리두번에퍼뜩스치는것이인간사
하도 시끄러워
눈
뜨
니
암자에 호롱불 졸고
바다 건너 저만치
그대들의 세상 뜨겁게 타고 있다

*구운몽九雲夢 : 서포 김만중이 남해로 유배 와서 쓴 한글 소설.

시조

■ 김 진 희

저물 무렵의 시

바다를 바라보며 촉수가 곧추선다

뭍에서 휘어진 길 가파른 음계 딛고

달팽이 몸을 감추듯 다랭이 시를 쓴다

껍질에 매달린 삶 남은 생은 무엇인가

등날이 휘청이는 하루해가 눕는다

노을빛 껍질을 벗은 달팽이 길을 간다

■ 박 성 임

바다와 유채 이야기

걸음마 아기처럼 천진한 몸짓으로
이리저리 부대끼며 사는 이야기
먼 바다 띄워 보낸다
노란 종이배 두둥실

넉넉한 숨결 속에 청록 빛 하늘 품고
수면 위 연출되는 마블링의 신비로움
불현듯 되살아 오르는 성감대 야릇하다

힘들어도 무작정 쓰러지지 않고
비탈진 언덕 위 혼자서 뒹굴어도
바람에 새겨놓은 이야기
파도 너는 알고 있다

■ 이 분 헌

노도 바다는 흐르고

서포의 남해 유배 삼백 년 흐른 오늘
다랭이 마을 돌아들어 가천바다 내렸네
아직도 시린 그리움
허옇게 떠다니는

핏빛 같은 모자상은 한 폭의 형상일 뿐
헛손질만 해대다 동강 난 꿈이었다
가슴만 절고 절다 간
노도의 위리안치

덜컹덜컹 유배체험 목메는 남도 땅끝
긴 한숨 충효의 글 댓잎에 젖어 흐르는
역사의 유배문학관
저녁놀에 붉게 탄다

■ 이 숙 자

유배문학관

학문으로 심어 온 그 정신 받아 이고
마음으로 돌아보고 또 돌아보는 후세인
새나라 거름 되고자 외로웠던 그분들.

후배들 젖은 손수건 그 아픔을 싸안고
오늘을 굳게 딛고 내일을 이루리
이제는 큰 성현들이시니 두 손 모아 비옵니다.

■ 하 순 희

노도*에서

물길 푸른 포구는 여전히 출렁인다
어쩌면 전생 그 전생에 지독한 원수였을까
절절한 연인이었을까
한바탕 꿈이었을까

역사에 길이 흐른 초옥에 기대어
적요로 사무친 유배지에서 깨닫는다
삶이란 마음의 빚을
지우고 삭이는 걸

*노도 : 서포 김만중이 유배생활을 한 섬, 《구운몽》《사씨남정기》 등을 쓴 곳.

■ 이주언

물미해안을 따라가다

남해는 청정한 곳이다. 해안도로를 달리다 보면 바다와 하늘이, 지나치는 도로와 주변이 참 깨끗하다는 생각이 든다. 우리가 문학과 관련 있는 단체라는 것을 의식했는지 첫인사를 끝낸 문화해설사는 예로부터 남해에서 예술인보다는 유능한 정치인들이 더 많이 배출된다고 설명하였다. 그 때 현 경남도지사와 국문학을 전공한 남해군수가 떠올랐는데, 그것도 다 그런 맥락일지 모른다는 생각이 들었다. 그러나 고두현 시인의 〈물미해안에서 보내는 편지〉에 대한 설명을 잊지 않던 문화해설사의 배려가 인상적이었다.

남해 하면 제일 먼저 떠오르는 곳이 가천 다랭이마을이다. 그 좁은 절벽에 만들어놓은 다랑논들을 보면, 아기자기 정겨운 모습 속에서 가난했던 삶의 고단함이 배어난다. 그들은 가난 속에서도 옹기종기 정을 나누

며 살았을 것이다. 다랭이마을의 민박집에서 비싸지 않은 숙박비에 아침 식사까지 제공받고 왔다는 아들의 말을 들으며 아직도 그런 인정이 이어져 오는구나, 하는 생각이 들었다. 민박집 할머니가 바깥일하러 가기 전에 차려놓은 밥상을 대할 때 가족을 위해 상을 차린 듯한 진한 정을 느꼈다는 말을 들을 때는 가슴이 찡하였다.

다랑논 사이로 난 길을 따라 바닷가로 내려가면 맑은 물과 탁 트인 풍광이 가슴을 시원하게 뚫어준다. 해안을 산책하며 피로를 씻고 새로운 에너지도 얻을 수 있어 좋다. 그러나 최근 연이은 마을의 개발로 인해 그 이전의 고즈넉하고 정겹던 느낌이 줄어들고 있어 아쉬움이 남기도 했다.

남해에서 다음으로 인상적인 곳은 독일마을과 그 옆에 새로 생긴 원예예술촌이었다. 산업개발 시절 독일로 가서 큰 역할을 했던 분들이 남은 여생을 고국에서 보낼 수 있도록 만들어진 곳이 독일마을이다. 하지만 적응하기 쉽지 않아 대부분 독일로 다시 떠나고 지금은 그 2세들이 팬션사업으로 많이 이용하고 있다고 한다. 1년에 한 번씩 맥주축제가 열릴 때는 이색적인 경험을 할 수 있다고 하니 그때 다시 찾아보고 싶은 곳이다.

독일마을 근처에 있는 원예예술촌은 세계 여러 나라의 정원을 한꺼번에 볼 수 있는 곳이다. 스물한 채의 주택과 개인정원을 각 나라별 이미지와 테마에 맞추어 조성했다고 한다. 군데군데 정원과 조각상이 있는 예쁜 집들, 이런 이국적인 곳에서 하루 쉬어가면 외국 여행을 온 느낌이 들 것 같았다.

남해군은 그 옛날 선비들이 유배 와서 쓴 작품들을 전시하기 위해 '남

해 유배문학관' 을 지었다. 서포 김만중이 남해에서 쓴 〈구운몽〉을 비롯해 많은 선비들이 남긴 작품을 보관 · 개방 중이다. 그들이 정치적 소용돌이에 휘말려 한 많은 귀양살이를 했지만 아름다운 남해의 풍광과 더불어 왕성한 창작활동을 하였으니 결코 외롭지만은 않았을 것이라는 생각이 들었다.

■ 한후남

보물섬, 남해

세종대왕을 조명한 다큐멘터리를 우연히 보게 되었다.

세종대왕 재임 시(1418~1450)에는 태양 흑점 관측 기록이 없었다고 한다. 태양 흑점이 관측되지 않았다는 것은 일조량이 적었다는 것을 말한다. 일조량이 적으니 자연적으로 농사짓는데 어려움이 따르고 흉작이 들었다. 가뭄 걱정에 세종대왕은 경회루 옆에 초옥을 짓고 2년간 거류하면서 심할 때는 열흘 이상 앉아서 불면의 밤을 보낼 적도 있었다 한다.

남해 평산면은 일천오백 마지기의 농토에 2백여 호가 살았다고 전해진다.

5백 년 전, 한양에서 멀리 떨어진 남해까지 관심을 기울여 개간사업에 힘쓴 걸 보면 세종대왕은 온 백성을 정성으로 섬겼음을 알 수 있었다.

그 시대와 현재를 비교해 보면 만감이 교차한다. 일찍이 남해대교가

놓였고, 창선면과 삼동면을 잇는 창선대교가 건설되어 중앙으로부터의 거리감도 느낄 수 없다. 이제는 일일 생활권이 되어 서울에서 남해까지 와서 싱싱한 회를 맛볼 수 있게 되었다.

남해를 갈 때마다 느끼는 감동은 매번 색다르다. 20년 전, 창원에 내려와 산지 5~6년 만에 친정 부모님이 다니러 오셨다. 불심이 지극하신 친정어머니를 위해 남해관광을 나섰다. 전국 3대 관음기도처인 보리암으로 모시기 위해서이다.

승용차를 갓 마련한 즈음이라 초등학생이던 아이들은 신바람이 나서 쉬지 않고 조잘거렸다. 어려운 살림을 꾸려내며 마련한 자가용이라 부모님은 말씀은 하지 않아도 흐뭇한 미소로 사위의 성실성을 대견해 하시는 눈치였다.

푸른 물이 넘실대는 남해대교를 건너면 오른쪽으로 이충무공을 기리는 충렬사가 남해대교를 굽어보고 있다. 충렬사에 들어 아이들과 같이 충무공의 공을 기리며 묵념을 했다. 나라를 위해 초개같이 목숨을 바친 충무공의 충정심에 가슴이 뭉클하다. 그 감동으로 자연스레 시 한 구절이 떠올랐다.

절절한 충정이다
타오르는 불꽃이다
기꺼이 태워버린
마지막 혼불이다

여기 환생하여

오늘을 울부짖는

충무공의 타는 가슴이다.

—졸작 〈동백 – 충무공 전적비 앞에서〉

구불구불 쪽빛 바닷가를 휘돌아 금산 보리암으로 향했다. 지금은 산중턱을 깎아내고 길을 넓혀 암자 근방까지 차가 올라가지만 그 당시에는 차를 산기슭에 주차해 놓고 걸어서 올라가야 했다. 한 걸음 한 걸음 어린 손자와 삼대가 오르는 길은 기도로 이어졌다. 부모님의 장수무병을, 자식들의 발전과 건강을, 손자들의 무탈 성장을 가슴마다 기원하며 보리암으로 향하는 걸음걸음은 혈육의 간절한 기도의 도정이었으리.

보리암을 오르면 상주해수욕장이 손에 잡힐 듯 한눈에 들어온다. 남편의 직장에서 몇백 명 가족이 하기휴가차 텐트를 쳤던 곳이다. 아이들은 모래성을 쌓으며 대자연의 섭리를 배우고 아내는 보글보글 해물탕을 끓여 소주 한잔 기울이며 남편의 직장에서 쌓인 피로를 씻어내고 있었다.

보리암에 이르러 법당에 들지 않아도 너른 파도를 품에 안으면 쌓였던 응어리가 풀어져 용서하지 못할 일이라고는 없을 듯싶다. 남쪽 기슭으로 난 오솔길을 조심스레 내려가노라면 태조 이성계가 건국 전에 와서 기도드렸다는 이태조기단이 숲속에 신비하게 싸여 있다. 웅지를 품고 얼마나 간절하게 기도 드렸기에 그 뜻이 하늘에 닿아 찬란한 조선왕국을 건국하였단 말인가!

남해를 여러 번 방문하면서 느끼는 것은 남해의 구석구석 어느 곳 하

나 새롭지 않은 것이 없다는 것이다. 굽이굽이 해안을 돌아 가천마을에 다다르면 그 아름다운 풍광에 황홀경에 빠지게 된다.

45도에서 70도에 이르는 비탈을 깎아 돌축대를 쌓아 만든 다랭이마을은 참으로 이국적 풍경을 자아낸다. 봄이면 계단식 밭에서 물결치는 유채꽃이나 산들바람에 살랑거리는 갓 심어놓은 모판을 보면 가슴속에서 저절로 생명의 물결이 용솟음친다.

시인 파블로 네루다의 자전적 영화 《일 포스티노》의 장면 장면이 엇갈려 교차되며 마치 이태리 해안을 거닐고 있는 듯 착각이 들곤 한다. 눈이 시리도록 푸른 쪽빛 바다는 남해를 보물섬이라고 부르기에 부족함이 없다.

지난해 경상남도 여성자문위원 워크숍을 남해에서 하게 되었다. 마침 숙소가 남향이라 푸른 물이 넘실거리는 바다를 바라보며 상념에 젖었었다. 숙소 앞 해안에는 수백 년 전에 조림한 방풍림이 있다. 오래 묵은 나무에서 풍겨오는 위압감으로 그 밑에서는 저절로 머리가 숙여지고 마음을 낮춰 겸손해지는 것이었다. 해풍을 막아 농사를 짓고 아늑한 보금자리를 마련한 선인들의 지혜가 놀라울 따름이었다.

아! 지금도 눈 감으면 떠오르는 쪽빛 바다, 불현듯 달려가 안기고픈 남해여!

■ 허 숙 영

노도만리怒濤萬里 따라

나는 이 즈음 죽방렴에 갇힌 물고기 같다는 생각을 할 때가 많았다. 바다에 있으면서도 자유롭지 못한 그들과 삶의 덫에 걸린 내가 다름이 없지 않은가. 일에 얽매여 살아서 그런지 유별나게 힘든 갱년기를 보내느라 병원을 들락거려야 했다. 유배객처럼 누가 억지로 잡아 가둔 것도 아닌데 스스로를 가두고 있었나 보다. 절해고도에서 할 일 없이 사노라면 자유로울까 생각하던 참에 남해로 문학기행을 떠난다고 한다. 남해는 내 고향보다 더 자주 찾았던 곳이라 반갑기도 하고 한편으로는 혼자서 쉽게 갈 수 없는 먼 곳을 가 봤으면 하는 마음도 있었다.

하늘로 사다리를 걸쳐 놓은 다랭이 마을, 이국적 정원이 숨겨진 원예 예술촌, 외국살이에 지친 마음, 돌아와 옹기종기 모여 앉은 독일마을, 금산의 보리암 등 숱한 남해 보물들을 머릿속에 그려본다. 그런데 처음 도

착한 곳은 한 번도 와 본 적이 없는 유배문학관이다. 내가 본 것이 전부인 양 아는 체했던 속마음을 들키지 않으려 부지런히 움직여본다.

밖에서 본 무채색의 건물은 감옥을 연상케 했다. 이승과 저승을 가르는 황천강처럼 문학관 앞에도 다분히 의도대로 설계된 강물이(?) 흐르고 있었다. 그 강을 한걸음에 건너 안으로 들어섰다. 입구에서 마주친 글귀가 눈길을 붙잡는다.

'자기 나라말을 버려두고 다른 나라의 말로 글을 쓰는 것은 앵무새가 사람의 말을 하는 것과 같다.' 고 적혀 있다.

이 글을 쓴 김만중은 숙종의 마음을 돌리기 위해 《사씨남정기》와 유배지에서 모친을 위로하기 위해 《구운몽》을 한글로 집필했다. 소설을 천시하던 조선시대에 소설의 가치를 인식해서 창작했을 뿐 아니라 국문소설의 황금기를 가져오기도 했다. 이런 아버지의 영향으로 최초의 한글 상소문을 쓴 사람도 김만중의 딸이라는 해설사의 말이 이어진다.

고개가 끄덕여진다. 그 시절에는 한문시가 주류를 이루어서 나온 말이었겠지만 미래를 내다본 안목이 있었던 것이 아닌가 싶은 생각이 든다. 한글을 완전히 익히기도 전에 영어유치원을 다니고 그보다 더 앞서 태교부터 영어로 시킨다는 요즘의 세태를 꼬집은 말 같기도 하다.

유배문학관은 남해의 과거와 미래를 이어주는 징검다리 역할을 하는 향토역사실과 유배객들이 남긴 절박한 문학예술 공간인 유배 체험실, 남해 유배문학실로 나뉘어져 있었다.

유배문학실에서는 유배객들의 안타까운 마음이 담긴 시들을 대할 수 있었다.

오늘 아침 어머니 그립다는 말 적자고 하니
글자도 되기 전에 눈물 이미 흥건하다.
몇 번이나 붓을 들었다가 도로 던져 버렸다

김만중의 사친시를 읽으니 어제 통화를 했던 내 어머니가 생각난다. 절절이 그립고 생각만 해도 눈물 나는 이름이 어머니인데 나는 어머니를 귀찮게 여긴 것 같아 시야가 흐려진다.

휴일이니 왔다 가라는 어머니의 말에 차마 여행을 간다는 말은 못하고 우물거리니 귀 어두운 어머니는 내가 몸이 아픈 걸로 생각을 했던 모양이다. 내가 아무리 아니라도 우겨도 병이 난 것을 당신 탓인 양 여긴다. 환하게 웃는 얼굴을 보여주기 전에는 안절부절못할 것이다 . 자주 보는 딸도 이렇게 걱정인데 하물며 언제 생이 끝날지 모르는 길을 떠난 아들에 대한 어머니의 근심은 말해 무엇 할까.

구름 끝에 걸려 있는 것 같은 남쪽의 세 섬(제주, 거제, 남해)을 자신과 조카들이 하나씩 차지하고 있어 세상 사람들 보기엔 신설놀음 같겠다고 한 김만중의 또 다른 시를 읽으면서도 나는 그의 어머니가 눈에 밟혔다. 자신의 생명보다 소중했을 아들과 손자를 돌아온다는 기약 없는 귀양을 보내놓고 눈물 없이 하루인들 살 수 있었을까.

어머니가 있었기에, 그런 외로운 사념의 시간이 있었기에 명문장이 탄생할 수 있었고 절망 속에서도 유배문학이라는 승화된 꽃망울을 터뜨릴 수 있지 않았을까.

4D입체영상 체험관에서 유배객이 되어본다. 모든 부귀영화와 권력을

내려두고 목숨이 달린 상소문을 올릴 수 있는 배짱도 있어야 한다. 덜커덩거리는 소달구지 위에서 백성들의 돌팔매도 맞을 각오도 해야 하고 무엇보다 가족을 떠나 홀로된 외로움을 견뎌내야 하는 인내심도 필요하다. 얼마나 비장한 각오를 해야 했을까. 이런 생각 속에 잠겨 눈을 감는다. 잠깐 동안의 체험이지만 그 아픔이 전이되는 듯하다.

김만중이 위리안치되어 있었다는 노도 앞바다(명경같이 맑다고 해서 앵강만이라 함)를 지날 때는 엉뚱한 생각을 해 보았다. 우리 문인들을 한 명씩 세상에서 고립시켜 노도에 한 달쯤 살게 해 보면 주옥같은 글 한 편씩 탄생하지 않을까 하는 생각 말이다. 마치 바쁜 현대를 살아가려니 글 쓸 시간조차 없어 좋은 글을 못 쓰는 것처럼.

유배시절 김만중은 바윗돌이 된 것인 양 꼼짝 않고 하염없이 어머니와 임금이 계신 쪽의 앞바다만 응시하고 있어 아이들이 돌을 던져 보았다고도 한다. 그제야 살아 있음을 증명하듯 슬며시 고개를 들었다고 한다. 세속 정치에 얽매여 있었더라면 김만중도 이름 없이 사라져가지 않았을까.

불덩이 해를 꼴딱 삼켜버린 바다가 조용하다. 내 일상이 노도만리인들 유배객 언저리에나 미칠까. 한동안은 내 일상도 저 바다처럼 잠잠하게 넘어갈 것 같다.

회/원/작/품

■ 시

서인숙 강지연
김명희 김미숙
박은주 박태남
이주언 조연향

■ 시조

김진희 박성임
이분헌 이숙자
하순희

■ 콩트

김경분

■ 수필

김정희 박귀희
배소희 원순련
최영지 한후남
허숙영

시 서인숙

《현대문학》 수필 · 시 등단. 한국수필문학상, 경남문학상, 경남도문화상, 마산시문화상, 우봉문학상 수상. 한국문협 이사, 경남가톨릭문협 · 마산문협 · 한국여류수필가협회 회장 역임. 수필집 《고대의 향수》 외 4, 시집 《오렌지 햇빛》 외 4. 국제펜클럽 · 한국시인협회 회원, 경남펜클럽 회장

눈물샘 외 1

슬픔 없어도
고통 없어도
흐르는 눈물은 꽃향기 때문이다
눈의 호수는 마음을 일렁이며
아득한 곳을 향해
무엇인가 채운 듯 비워 버리는
무한한 공허
표현하고자 무수한 언어들이
줄줄이 잇는 영혼의 길목
험난한 미로를 지나 비로소 찾은
한 알의 씨앗
영원한 노래다

백일홍의 세월

오백 년을 하루같이 살아온
한 그루 나무
숲을 거느리고 있다
꽃은 피지 않았다
백년, 백년. 일분, 일초도 쉬지 않고
위로 아래로 직선 사각형으로 뻗은
가지들의 자유로운 율동
자연의 예술이여!

햇살은 가지와 가지 사이를 맴돌며
바람과 숨바꼭질하고 있다.
흙이 일군 물줄기가 용솟음치며
하늘과 만나는 시간

시간은 잠시 개울물에 쉬었다가
돌 위에 뒹굴며 흘러간다.

봄이 오나보다

시 강지연

경남 진주 출생. 2001년 마산시문화상 수상. 경남여류문학회 회장, 마산문협 부회장 역임. 시집 《금등 하나 켜고》. 국제펜클럽 한국본부, 한국문협, 경남문협, 마산문협 회원.

화두 · 46 외 5

—목 탁

방울이 구르듯이 청아한 소리에
얼마나 많은 마음들이
한마음으로 흘렀던가
번뇌를 다잡고 편안했던가!

백년 넘은 살구나무 둥치가
내 전생이다
물속에서 몸을 불린 세월이 삼 년

어느 정교한 손길이 내 속을
공굴리며 파내어 텅 빈 채
순례의 길 떠났다

부질없는 욕심을 내려놓고
시작도 끝도 없는 중생제도의 길
흰 달 비껴 뜨는 새벽 도량석엔
미물들 놀랄까봐 나즉 나즉
화쟁 삼매의 바다에 이른다

화두 · 47

—도반

살구꽃 지던 봄날
능인행 보살님이
89세 된 평등화 보살님께
친구야 니도 진불선원 부처님 조성하는데
삼백만 원 불사해라
평등화 보살님 :
돈이 너무 많다 아이가
능인행 보살님 :
그래도 니하고 내하고
나란히 손잡고 극락 가야 될 거 아이가
평등화 보살님 :
그렇제 그라모 니하고 같이 극락 가거로
나도 부처님 조성 불사 하꾸마

사람 몸이 아름답고
사람 몸이 서러워서 속눈물 나던 날

지금도 두 분은 나란히
정진 중이시다

화두 · 48

— 흑산도

소슬바람 부는
이순의 한 모롱이

몽골에서 날아온
황사보다 더 부옇게
흐려진 마음을
흑산도 거센 물결에 실어

삼나리 열두 고개
뭉텅뭉텅 동백꽃 지는 소리
참수당한 듯
붉은 숨소리 눈으로 듣는다

봄볕에 손등 타는
곤한 길섶

어디선가 먹뻐꾸기 울고
옛 백제 무심사지 석탑 위로
흰 구름 간다.

화두 · 49

—진불선원 선불교대학 해인사 하기수련회

본심이 청정하여
번뇌가 없다지만
낙수로 얼룩지던 보경루의 밤

버선코 같은 처마 밑을
울리고 가는 밤 인경 소리

사바와 화엄을 잇는
고즈넉한 산사
야반 삼경 대문 빗장은
만지지도 못한 채
빗소리에 잠긴
내 화두의 정처

*설법전에 고요히 앉았으니
고요하고 적적한 그것이
본래부터 그렇게 되어 있더라
그런데 어찌
서풍이 숲을 흔들고
저 기러기는 장천을 울고 가는가!*
밤 낙숫물 소리는 어디서 오는가

*송나라 야보 도천 스님의 게송.

풍 경

백해白海* 갤러리에 오면
임금님이나 드셨을 것 같은
청화 밥주발 육통 기목 반닫이
바늘꽂이, 수저집, 조각보, 떡살
목단꽃 민화, 호롱불, 목등잔
고구려 적 와당, 신라 토기 등 볼 것이 너무 많아
박물관보다 더 박물관다운 이곳에는
앉아서도 보고 누워서도 보는
천년의 긴 행렬이 있다
마음 달 품어 백합처럼
단정한 시선으로 건너온 세월
시름 적신 물길 관조의 뜰이다
샤갈도 고흐도 추사도 벗한다
베갯모엔 눈물도 서렸으리 쓰다 만
편지도 있었으리
푸르러 더 적막한 달빛에나
떼 지어 날아드는 별빛
어둠 속에서까지 서로 다른 옛의 모습으로
우뚝 우뚝 빛나는

한 생쯤은 태후마마로 사셨을 안목이여!
지성이여, 정갈함이여,
안기어 흐느끼고 싶은 달 항아리여!

* 백해白海 : 시인이시며 수필가이신 서인숙 선생님의 호.

무 제

포말이 꽃송이처럼 부서지는
허드슨 강변
가을의 붉은 몸
땅 끝까지 내려와
해질녘 운수행각의 낮은 물바람 소리
오빠의 비단 구두를 기다리던
철없던 날들도 가고
눈물보다 진한 핏줄은 늘 애틋하여

구만리 장천 고향은 멀고
차마 떨칠 수 없는 망향가를
수없이 불렀으리
강 건너 맨해튼 휘황한 불빛
지상으로 다 불러모아
헤어져야 할 시간 앞에
두살 터울로 같이 늙어가는
육십 년 묵은 정이 새록새록 서럽다

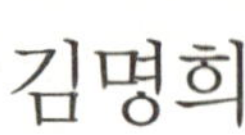

김명희 | 마산 출생. 《경남문학》 신인상 수상. 시집 《향기로운 사하라》. 창원대 · 창원문성대 출강

말 외 2

화폭에 파묻힌 그녀가 낳는 말
흰말 얼룩말 새빨간 거짓말까지
뚝 끊기는 때 잦다

갈기를 휘날리며 뛰노는 말
몸통 꼬리 다리가 달린다
말머리는 어디 갔나
깜깜하다 말머리가 있어야 할 자리

있잖아 있잖아
단애의 화폭에서 미끄러지는

말의 허기

아득한 곳에서 흘러온 시간의 말머리
은근슬쩍 먹게 되는 거

초원빌라 모퉁이 표구점
그녀의 말이 걸려 있다

맞 다

콧구멍이 두 개라 숨 쉬고 산다고

내가 마신 담배 연기와 알코올 삭는 냄새

문을 닫아도 스며드는 막무가내

문득

잊고 있을 때마다 환기시키는

그 말 맞다

급습이 오히려 낫겠다

교묘한 침입, 그건 사귐이 아니지

그대는 고유한 자유라고 하지만

나는 자꾸만 숨통이 막히는 걸

저 신호등처럼 자꾸만 눈을 껌벅이게 되는 걸

언 덕

대출통장만 한 밭때기 두둑이 시퍼렇다
그것은 염소가 비빌 언덕이기도 했다
지난봄 은행 말뚝에 목이 끼어 죽은 염소를 본 이후
완두콩 언덕이 비리다는 걸 알았다
모년 모월 모일의 흙을 물고 늘어진 풀의 강점
낫으로 자르고 호미 · 삽으로 파내도
세를 불리는 속도 따라잡을 수 없다
아예 두 다리 뻗고 아랫목을 차지한 무력부대
사내는 기꺼이 안방을 내주고 말았다
컨테이너박스 설핏 쪽잠에도
흙손으로 물 한 모금 마시고 바지춤을 올릴 때도
세력 확장 큰 손이 푸성귀 숨통을 죄었다
몇 달 만에 만난 아내를 파고들던 힘으로
사내는 담판을 짓고 싶은 거다
복권 한방의 행운은 먼 나라 구름 이야기
비빈다고 다 언덕이 되는 것은 아니었다

시 김미숙

경남 사천 출생. 교육학 박사. 1998년 《시와시학》 신인상 등단. 시집 《피는 꽃 지는 잎이 서로 보지 못하고》, 《눈물, 녹슬다》, 《탁발승과 야바위꾼》. 현재 시와시학회 운영위원. 경남대학교 사범대학 유아교육과 겸임교수, 비둘기동산유치원장.

숨긴 것 많은 곳에 털이 난다? 외 6

동물원 사자가 말했다
희멀건 가죽에 머리에만 털이 자라는
인간들, 거참 희한한 짐승이라고

내가 대답했다
사람은 머리에 숨긴 생각이 많아 그렇다고
—그러고 보니 숨긴 게 많은 곳에만 털이 난다?—

도끼눈 뜨고 다니는 인간들 눈썹에
하는 말마다 거짓말인 놈 주둥이에
어디 그뿐인가
겨드랑이에 졸렬한 체모 숨긴 놈
사타구니에 은밀하게 음모 숨긴 놈
똥꼬에 치모 냄새나게 숨긴 놈

생각 많아 머리에 털이 난다면
짐승들은 온몸으로 생각만 하나?

동물원 앞에서 내 음모를 떠올리는 순간
우리네 조상님 원숭이 한 분께서
빨간 똥꼬 까고 점잖게 지나가신다

동창회

친구 시어머니 팔순에 돌아가셨다
동창들 버스 한 대 전세 내어
낄낄 깔깔 수다 떨며 잔칫집 간다

시어머니 상은 동창들에게 때론
백화점 쇼핑보다 더 신나는 일
조문을 빙자한 축하행사를 마치고
돌아오는 버스에서
아들 결혼날짜 정했다는 통보를 받는다

이제 나도 시어미가 된다?
웃던 버스 안이 갑자기 숙연해진다

아마 내 죽음에도 며느리는
낄낄 깔깔 수다 떨며 오늘처럼
동창회를 하겠지

알라딘 램프

세 가지 소원은 바라지도 않습니다

딱 한 가지만이라도 들어달라고
오늘도 알라딘 램프를 닦습니다

부–자가 되게 해 달라고
팔등신, 김태희 닮은 미모를
아니 기왕이면 세상 휘두를 수 있는 권력을

그러다가 미운털 박힌 놈이 생각나서
그놈을 사라지게 해달라고
내게 창 던진 얼굴 지워가면서
싱크대 앞에 서서 힘주어 박박 문지르다보니

알루미늄 주전자에 큰 구멍이 나버렸습니다

뽀샵

한때 사진만큼은 자신 있었다
이제 시간 흐르고
군데군데 늘어나는 주름살, 불룩살

오늘은 사진을 찍고 뽀샵을 한다

눈가 흐르는 욕망 귓불 아래 맺힌 증오
입술 옆으로 흐르는 탐욕
질투의 주름을 말끔히 지워버리며

뽀샵을 마치고
구찌가방 페라가모 신발
샤넬 선글라스를 덮어쓰고 길을 나선다
통째로 뽀샵된 거리들

하지만 지독하게 주름진
두개골을 뽀샵했다는 말은 듣지 못했다

레퀴엠을 위한 요리

이면지 펴놓고 콩나물을 다듬는다
젖은 종이에 번져나는 잉크자국
엊저녁에 쓰다 버린 내 시詩 조각들

물기에 젖어 '눈부신' 은 '눈병신' 으로
'행복' 은 '항복' 으로 '화해' 는 '자해' 가 되고
분노의 콩나물만 활자의 건반 위로
이리 통통 저리 통통 튀어 오른다

그러다 그놈들 죄다 싸잡아 끓는 물에 처넣으니
어느새 교향곡 '운명' 은 끝나버리고
잦아드는 냄비 뚜껑 아래서 학살당한 콩나물들만
진혼미사를 올리고 있다

서울은 섬이다

안개 속인가, 아는 얼굴 하나 없다
한 잔 술로 불빛에 떠밀리고
낯선 어깨에 부딪쳐 난파선처럼 가라앉는 저녁답
아! 서울도 섬이구나

나 태어난 섬마을은 오래 전 아이들 떠나면서
빈 운동장엔 잡초만 키를 다투고
서울 한복판에서도 사람들 뿔뿔이 신도시로 떠나니
근사하던 학교들이 줄줄이 폐교 위기란다

그런 대학로에 내가 혼자 걷는 것이
전혀 이상하지 않는 것은
누구에게나 낯선 곳은 외딴섬인 것을
파도와 부대끼며 혼자가 되는 것을

오늘, 불빛 찬란한 서울 밤하늘엔
식은 달처럼 폐교 하나 떠 있고
부서진 교문 앞에 홀로 앉아 있는
나를 만난다

시詩, 시리다를 위한 변명
—엑스트라의 노래 · 7

빈속에 사과 한입 베어 무니
이가 시큼 눈이 벌큼
밥을 먹어도 물을 마셔도 이가 시리다

오랜 인연 낡은 약속들
소장 지나 비장 췌장 틈 사이 깊이 묻어도
가끔은 위장 간장 거슬러 올라
관성처럼 반추되는 신물에 진저리 친다

어릴 적 머릿수건 사이로 반짝이던
엄마의 하얀 눈물 뼈 아빠의 땀 소금도
늑골 깊이 박혀 좀체 빠지지 않고

사랑 아픔 기쁨 따위
삭아버린 관념의 찌꺼기들
산길 바위틈에 피어나던 제비꽃 추억도
생각의 무딘 이빨 사이에 끼어 보랏빛으로 시리다

사는게 시다
시詩가 온통 다 시리다

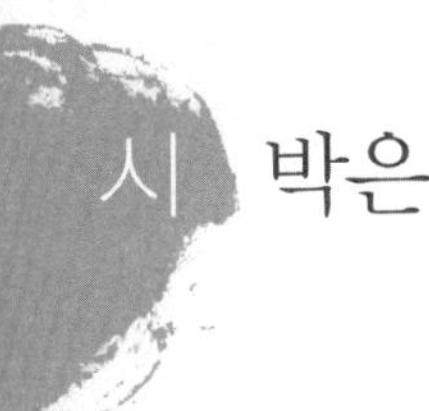

시 박은주 | 창원 출생. 《경남문학》 신인상 수상

전자레인지 외 1

내 동선 가까이에 오래 붙박여 있었습니다
안면 전체가 입이고 가슴인 그는
마치 몸통 없는 한 마리 검은 물고기 같았죠
그의 매끄러운 얼굴을 여닫을 때마다
먼 바다 물결무늬 새 회로를 짜 주고 싶었지요
기역자로 꺾인 벽면의 독방에서
단조로운 빛의 파장 하나로만 버틴 그였거든요
그의 혀끝에서 갖가지 냉증을 녹이고 데웠습니다
초간단 해동의 끊임없는 진화에도
세상의 희망은 왜 쉬이 결빙되는지 모를 일입니다
경탄과 궁리와 분꽃과 딴딴한 울음 곁을 한참 걸어왔습니다
생활의 측근인 그도 묵묵히
오랜 혼수의 시간을 지키며 함께 왔지요
그런 그를 내다버렸습니다 방금,
온기를 만드느라 죄 헐어버린 그의 입 안

내가 묻힌 얼룩을 꾹 닫은 채 말입니다
누구나 얼룩의 옆을 지니고 사는 거라 곱씹는 날입니다
그가 아주 먼 바다로 갔으면 싶은 날입니다

여 자

새 로션

빨간 손거울

흰 손수건 한 장

기저귀 차고 보전하는

할머니 아흔넷 머리맡에서

천천히 지고 있습니다

아직 남아 있는 여자

한 번도 진 적 없는 복사꽃빛 여자

할머니 속에 있던 그 여자가

난생처음으로

지는 중입니다

시 박태남

《문예사조》 신인상 수상 등단. 경남여류문학회 회장 역임. 시집 《새벽강에 나와 서면》. 《시 · 시조비평》 편집위원, 《동백문학》 편집장. 경상남도청 근무.

섬진강 포구 외 3

갯벌에 뒹구는 물보다 뻘을
더 좋아하는 붉은 다리 개구쟁이 뻘게야
무서우냐
사람이란 요상한 물체만 보면
질금 질금 오줌 싸고

진종일 흔들리는 갈대 무등이
그리도 좋으냐
작은 소리 하나에 바르르 튀어나온 수염에
눈알만 뱅뱅
그 속 깊은 입맞춤

붉은 다리 뻘게야
발소리만 바스락 삼십육계 줄행랑
갈대밭에 그려보는

너만의 세계지도
아무래도 니들의 영역이라
믿어도 좋으냐
섬진강 포구
붉은다리 개구쟁이 뻘게야

사람들은 니들의 꿈을 모른다
개펄의 무궁무진 그 꿈을 모른다 말이다.
붉은 다리 개구쟁이 뻘게야
천년만년 이사 가지 말고
여기서 부자 되면 살그래이

표충사 비 오는 날

칠월 아흐렛날
표충사 토끼보살님 보러 왔네
관음전 뜰 잔디는 비에 젖어
새까만 풀씨 토끼보살님 기다리는데
연기인가, 안개인가, 이내인가
발등을 만지고 재약산 솔숲으로
긴 머리 휘휘 풀고 호호 할머니 앞세우네
젊은 날의 할머니 그 모습
풀어도 풀어도 흰 구름만 뿌리니
타는 가슴의 보이지 않는 김 무슨 무늬로
저 산을 바꾸어 놓을까
푸르다가 뽀오얀 눈송이 구름이다가
가슴 풀어헤친 아낙의 한이다가
표충사 내리는 소낙비는 더욱 힘차고
토끼보살님 담장의 돌 틈에서 두손 모아 기도하네
알고 짓고 모르고 지은 중생의 죄
오늘 빗물처럼 저 솔숲 하얀 안개처럼
일시에 사라지는 기적을 보여 주소서

덕천강 물길 따라

여보게
여기가 도화 뜬 양단수인가
신선은 어디 가시고
수백 년 둥글어진 조약돌만 가득한가
그 옛날
도포 자락 휘날리던 선비의 기상
물길 따라 흘러갔다 말인가
남명서원 방마다 쌓여 있다 말인가
그 예전 징검다리는
너와 나
긴 세월
인연이란 고리로 엮어졌다 말인가

여보게
여기가 어디쯤인가
진양호 물은 왜 그리 깊다더냐
호반 깊이 가라앉은
물길은
또
어디로 흘러갔다 말이냐

사람들 오백 년 전의 사람들만
이 물속에 산다는 말인가

골도 깊고 나무도 푸르고
지리산 삼신할매
여기까지 오시지 못했다 말인가.

세상으로 가는 기차를 타고

새벽길 눈은 차를 멈추고
집마다 등을 들고 눈을 치우네
한 삽 한 삽 삼백 예순 다섯 삽
삶이라네
눈 오는 새벽길도

지붕보다 높은 눈은 시골 기차역을
형체가 비슷한 이국의 기적 소리로
누워 있게 하고
나그네는 길을 떠나네
요일보다 더 긴 역으로 가는 길을
털신도 없는, 세월에 때가 절인 구두로
젖고 또 젖네
인생은 그렇게 젖으면서 마르면서
새벽길을 떠나
해 저문 밤길을 돌아온다네

한달보다 더 긴 여로로
때론 절망도 하고 때론 뚜껑이 열리도록
기뻐도 하며 삼백육십오일의 대문을 닫으며

눈은 녹아 강물이, 바닷물이 된다네
물의 수위는
기쁨의 물이 되었다 슬픔의 물이 되었다
끝내는
살아가는 일로 터널이 많은 기찻길을 만들면서
가고 또 가는
세상으로 가는 기차는 기적도 울리지 못하는
귀머거리로 살아야 하는 것을

시 이주언 | 창원 출생. 《경남문학》, 《시에》 신인상

꽃잎고래 외 4

어느 먼 행성과 네 어미의 배꼽이 깜박깜박 교신하던 푸른 밤. 너는 눈감고 은하를 건너왔을 테지만. 몸속 피리를 불며 한 생을 세우려 했지만. 수중 타전에 실패하거나 지상에 떨어진 꽃잎으로 굴러다니거나.

그때 나는 그림자놀이에 빠져 바닥에 떨어진 꽃잎 한 장 주워들었지. 몸속의 물기 모두 짜낸 암호를 바라보며 맥없이 떨어져내린 것들을 천천히 통과하고 싶었네.

꽃이 떠난 나뭇가지는 빛의 모서리에 서서 환상통을 앓을 것 같은데. 꽃잎 한 점 씹을 때마다 너는 한 점의 통증을 온몸으로 느낄 것 같은데. 얇게 저며져 지상으로 떠도는 그 무슨 냄새로 가득한 꽃잎 씹으며. 이 향기로운 깊은 전언이 무얼까 생각하였네.

지상의 재앙을 감지한 듯 아가미 얻기 전에 바다로 가버린. 너의 조상들이 가꿔온 꽃밭인지도 몰라 바다를 향해 지느러미처럼 파닥이는 두 팔을 벌리고. 서로의 어둠을 곱씹으면 서로의 살점 끌어안으면 휘릭~ 휘릭~ 귓속말이 들릴 것 같은.

흑장미 꽃잎 하나, 고래육포 한 잎을 씹어보았네.

골무초

소식 전할 곳 없어 바늘 끝 더듬는다

어디를 찔러 넣어야 신성한 천
당산나무에 잇댄 듯 푸른 별과 소통하듯 당신 가슴팍에
닿을 수 있을까

엄지손가락 힘주어 한 땀 한 땀
전신을 밀어넣는다

아가야, 빛이 보이니? 어둠을 다 지나 이곳까지 당도하렴
세상 마중을 나와 탯줄 잘라 주셨던 할머니

호박넝쿨 따라 담장을 기어가던 저녁연기와
달빛 머금은 두루미처럼 앉아 무명천 동굴을 박음질하던
실루엣
다 거두어 가신

할머니, 빛이 보이세요? 어둠을 지나 그곳까지 가실 수
있겠어요?
도착 확인을 할 수 없는 배웅의 바늘귀

슬—쩍 밀었는데

해마다 희고 붉은 천 조각 잇대어
그래 그래 아가야, 소식 매달아 주시는 거야

딱따구리 사랑법

두드린다 나뭇가지 두드린다 더 높은 나뭇가지
당신 안에 있나요? 어디 있나요? 어여쁜 벌레의 형상으로

두드리면 들릴 것이다 두드리면 대답할 것이다 먹힐 것이다 터져 나올 것이다 곪아 있는 우리의 삶이 터져주기를
그러나 잠시 두드리다 마는

우리는 볼록한 새가슴
누구나 사랑할 수 있지만 누구도 사랑할 수 없는
혼자서 톡.톡. 제 내부만 쪼는 뜨거운 부리를 가졌지

허공에 번지는 배고픈 사랑의 동심원
속에 웅크린 먹잇감의 마음을 모르는 당신

포기하지 말아요 한 포기 두 포기 햇빛은 당신 숨을 죽이려 하지만
오히려 안전한 겨울, 눈이 내려요 폭설 폭언 폭포처럼 쏟아지는 깊은 소리의 말 폭.폭. 빠지는 오후는
컴컴한 그대의 하늘이 폭약처럼 터지는 오후는
안전하답니다, 그러니까 흐린 날은 정말 안전할까요? 묻

는 당신, 믿음을 집요하게 구하지 말아요

두드리면 열릴 것인가 의심하는 새들과 책갈피에 끼인 채 결국 열리지 않는 새들은 모두 같은 형식의 답안을 허공에 새긴다, 라고 써 봅니다

단풍놀이 가잔다

엄마는 썩어문드러진 심장을 갈아치우고
아버진 무릎관절 갈아치우고
나는 닳아 퍼질러앉은 미션을 갈아치우고

단풍나무는 핸드백 하나 사들고 호. 호. 지폐를 뿌리러 가고
늙은 아버진 땅을 헤집으며 바람나러 가고
우린 아직 쌩쌩한 애인이나 갈아치울까

흑인의 심장으로 갈아치운 엄마는 자꾸
옆구리 찌르기 발차기 공중회전낙법
되살아난 증거라며 가끔
대머리 가수의 소울메이트 꺼내놓는데요

모두에게 미션 살아나 붕붕거리는 시간
저 나무의 영혼도
새것으로 갈아치울 준비를 하는데요
팔랑~ 제 귀때기 뜯어내고
새 애인의 귓불에 끙끙거리며 정액 쏟아부을
희망사항 도배지 밤낮 펼쳐놓고 도안하겠다는데요

캄캄한 바퀴

자전거 타러 다녔어요
목줄 풀린 개처럼 쏘다니며 오늘은
왼쪽 무릎을 깨고 어제는
길바닥에 엎어져 스르륵 길을 핥아봤지요

입술에 닿던 길의 맛
내 몸에 번지는 피의 바람의 아득한 당신의
지나온 모든 맛을 맛보고 싶어져요

타이어에 올라탄
우리들의 생애 속도가 너무 빨라
나의 너의 영혼의 맛, 보지 못하고 아이들만 낳아
쉭쉭 과거로 미래로 내어던지고

타이어는 얼마나 피곤할까요
생애를 내던지던 속도만큼이나 캄캄하게
졸음이 밀려오겠지요

엄마의 타이어는 벌써 초저녁잠 들었나봐요
길들이 사라지는 냄새 가득 차오르고
자전거 바퀴는 내 배꼽에서 자꾸 길을 꺼내주어요

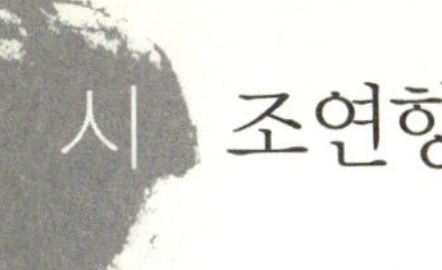

시 조연향

경북 영천 출생. 2000년 《시와시학》 등단. 시집 《제1초소, 새들 날아가다》 《오목눈숲새 이야기》. 한국시인협회 회원. 경희대 강사

반달터널 외 6

눅눅한
그늘의 잔해들 사이로 실눈을 뜬다
햇빛이 깃털거스름을 날리는
정오, 자오선이 살짝 기울어진다

밝은 쪽이 더 무서운 미궁이라는 걸,
아는가 대명천지,
저 만다라 꽃 같은 밝은
쪽으로 흰 반달 하나 떠오른다

신기루가 가물거리는 햇살과 그늘 사이에서
흠찔,
내 푸른 도마뱀 꼬리가 잘려나가듯
맨발이 쩌릿, 쩌릿해진다

후박나무 그림자가 살짝 기울어지는 정오

아직 이 어두운 터널 속은 미생물들이
허물 벗기 좋은 곳

나, 허연 허물을 벗으려 반달 속으로 들어간다

내가 모르는 계절에

서툰 트렘펫 소리가 저녁 숲을 에워싸고 휘돈다
불빛이 나뭇잎 그림자 그물을 짜고
비 젖은 처마 밑의 거미줄처럼
가늘게 늘어진 신경줄을 조율하듯 두,
루, 무, 푸, 수, 울
어두운 사슬을 풀며
검은 점을 찍는 애완견들의 불규칙한 보폭
저 살아 있는 소리와
빈 껍질을 껴안는 나무들의 나래짓
나와는 아무 상관 없는 먼 세상의 일처럼
어떤 소리도 들리지 않고
아무것도 보이지 않는 진공의 숲 속,
내가 모르는 계절에
누가 까마득히 악기를 불어 새잎을 틔우고 있나
흰 갈비뼈를 곧추세우며,
텅빈 몸뚱이 속에서 불어내는 저 관악기의 무심하고
둔탁한 소리의 진실
가시늪에서 깨어난 아기나무들이 뒤뚱거리며
출렁출렁 거미줄 이슬을 털고 있다

하루 종일 새소리를 해체하다

금이 간 창문들과 애완견들의 울음소리 그 잔상들을 겨울 후문으로 실어내고 있다 덤프트럭은, 먼지를 일으키며 새끼고양이 발자국 따라가고 있다 둥글고 무거운 구름 아래 기우뚱 기울어진 피뢰침은 이제 위험하지 않아도 된다 재개발 구역 지붕에 촉수를 높였던 시심詩心으로 하루 종일 새소리나 해체해야겠다

얼굴 없는 저녁

헬멧을 목까지 내린 헤드라이트 불빛 하나
불쑥, 뛰어들어 내 마음의 통점을 비추고 달아난다

내 아버지의 불규칙한 속력도 저러했을까
태어날 적부터 두 어머니 사이에서 균형을 잃고
제 근원을 찾아 헤매이듯,

눈물이 반짝이는 그 사거리에서
오늘 저녁, 여기까지 옮겨진 많은 짐들의 뒤척임 속으로
섞이는 그 무엇일까

하얀 밥알과, 뜨거운 살갗 그리고 우리가 꾸는 꿈들은
희거나 투명한 것이
차라리 저토록 맹렬하거나, 검어서 알아볼 수 없는 어느
아버지의
얼굴이거나,
흔적 없이 저녁 모서리를 물고 날아가버리는 새떼들이거나
그런것은 아니다 라고,

아주 어릴 적, 나뭇지게 위에 꽂아오시던
참꽃 몇 가지 내려놓고 아버지, 멀리 속도 없는 속력으로 가신다
부르릉 부르응

수술하는 저녁

예상했던 시간이 훨씬 지나도록,
그녀는
좀처럼 마취에서 깨어나지 않았다 층층
병실 속의 가슴마다
몽환의 덩어리를 웅치는 이 끝없는
저녁의 수술
세상의 아픈 망령들이 다 몰려나와
물러터진 계곡의 내부를 열어젖히고 있다
가랑이가 시리도록 흰 눈을 퍼붓고 있다
저기,
정글 속 야수들처럼
날뛰고 춤추며 굴러가는 둥근 쇠바퀴들,
절대 혹 같은 건 키우지 않으리라
빙글빙글 한순간도 멈추지 않고
창밖의 길이 사방으로 뻗쳐서 돌고 있다
돌다가 지치다가, 넘어지는,
상처 없이 한 발짝도 나아가지 못하는
붕대의 가로수 사잇길
아주 잠깐의 이별, 아주 잠깐의 죽음
을 위한 춤사위는
마취에 든 지구의 단층을 흔들어 깨우듯,

오래된 사람들

—무료급식소에는 매일 천여 명의 노인이 모인다
식판을 들고 줄을 선다

오래된 사람들은, 바람길을 겨우 빠져나와, 숭숭한 뼈들에게 밥을 먹인다 고개를 숙이고 처연하게 떠먹이는 것조차 겨우 생각이 나듯, 아니 붉은 피에 대한 보답이라는 것을 차츰 잊어가면서, 쪼고 쪼이는 저 모이의 초췌함이여

배고픔에 대한 확실한 이유를 잊어버리기 전에, 우리는 얼마나 살갑게 부리를 맞대고 사랑을 한 적이 있었던가

마른 꽃이 햇빛을 쬐듯이, 희미한 낮달을 되새김질하며, 터널 저쪽에 피어오르는 꽃구름 위로, 숨줄을 당기면서

비둘기 발갈퀴 사이에서 그림자를 포개고 걸터앉아 있는 오래된 미래의 사람들,

구름온천

가시오가피처럼
부끄러움 없이 옷 벗고 싶을 때
온천 간다 큰 눈 내려서 검은 골짜기 하얗게
다 덮어라 지층 아래, 가장 가까이 뜨거운 곳
유황의 아찔한 이끌림과
절망의 미끈거림을 건너갈 수 있으리라
모르는 사람과 낯선 사람끼리
유산과 절개의 상처를 용서하듯,
수술 자국과 주름 씻은 물 서로 튀기면서
조금 위로를 받지, 간혹, 망부석처럼 서 있거나
그대 알몸가죽을 부풀리거나
노천탕의 하얀 폭포수
쉬임 없이 떨어지는 나락에서도
끝까지 씻겨지지 않는 무엇이 있다
가슴이라든가, 심장이라든가
그 속에서 흘러나오는, 지울 수 없는
말의 잔상들, 아수라와 유령과
천공을 뜨지 못한 혼령들을 이끌고
맑고 뜨겁게 물레방아를 돌리는 힘은
오로지 아무런 형체가 없는 성질

그 앞에서는 어떤 거대한 시간도 옷을 벗는다
눈 내린 구름온천에
새들도 누덕누덕 옷을 벗는다

김진희 | 《경남신문》 신춘문예 당선, 《시조문학》 추천 등단. 경남시조문학상 수상. 밀양 예림초등학교 교사.

시 계 외 4

앞으로만 나아가리
한길로만 뻗어가리

빽빽한 솔숲 사이
흔들리는 유혹에도

이 세상
굴함도 없이
한 치의
망설임 없이

부제副題

홀로 그림자같이 등 뒤에서 눈 감는다
한 발짝 떨어져서 종종걸음 치던 길
끝내는
넘어야 할 산
못다 한 말의 감옥

누군가 문을 열면 그 안에만 갇혀서
시름시름 앓다가 화창한 어느 날에
날아라
둥지를 깨고
오도카니 앉은 새여

누에의 잠

이제는 끝내려나 기우뚱한 저 몸짓

지하도 찬 벽면을 누에처럼 핥고 있는

사내의 진초록 잠은 물결치는 전율이다

그늘진 시간 속에 찬밥처럼 굳어가는

등 뒤에 품은 알을 들썩이는 담요 위로

마른 땅 혼을 깨우는 빗소리가 요란하다

봄날 오후

소리 없는 저승과 둔탁한 이승 사이
땅속을 뚫고 나와 누군가 긁어대는
입소문 다디단 햇살 가지 끝에 쫑긋거린다 .

가려운 겨드랑이 파고드는 바람아
지독한 기침에다 열꽃이 피어올라
창밖에 새순이 돋듯
내 안에서 끓는다.

나무의 꿈

산 입구 오르막길 숨소리가 거칠다.
물오른 어린 잎새 칼날 같은 끝을 모아
울울한 원시의 숲을 그려가는 푸른 밤.

생生이란 잎을 날려 뿌리를 다지는 것
제 안에 부는 바람을 온몸으로 막는 것
하루에 몇 번씩이나 나무는 다짐한다

나무는 눈을 감고 마지막 숨 고른다
숲이 된 길 위에서 뜨거운 물집 번져
화르르 타는 그 시간
빛이 되는 그 순간.

박성임 | 《경남문학》 우수작품집상 수상. 시집 《바다가 있는 풍경》 《구절초 연가》, 《재미있는 글짓기 교실》(공저)

초혼점등 외 4

어둠과 빛살이 살 부비며 한 몸 되다
이끼 낀 풍등 하나 강나루 건너오고
백옥색 치마저고리 천만번 스쳐온 바람

승천하는 땅의 기원 하강하는 빛의 춤사위
몇 겁을 거슬러야 저 강의 눈물 보듬을까
엇갈려 뒤돌아볼 수 없는 유등의 슬픔이여

별신굿 신명 춤에 되살아오는 남강의 체온
내 작은 초롱불 밝혀 영원으로 가는 길목에
천 년의 등불을 안고 귀환하는 불타는 배웅이여

하늘이시여

겁 없이 불러봅니다 당신의 이름을
줄지어 가는 어둠 눈앞이 캄캄합니다
온몸을 부복하면서 고개 들지 못합니다

이토록 허기지는 까닭은 무엇인가요?
그래서 더 부르고 싶은 나의 아버지
내 기도 하늘 닿을 것만 같아
목놓아 부릅니다

영원히 마르지 않을 샘물을 찾아
당신의 안내로 걷고 또 걷습니다
성령聖靈의 빛살에 나를 가두려고
온몸을 모두 들어 올립니다

슬픈 하루

어제와 오늘은 길 따라 흐르는데
나의 시간은 길 밖에서 춤을 춘다
일상의 가난을 위해
한번쯤 죽어보지 않은 탓일까

독거노인의 골 깊은 눈물을 바라볼 때
거리의 이름 없는 죽음과 마주칠 때
망막 뒤 돌아앉은 낯선 너는?
초점 잃고 춤추는 동공 어지럽다

오늘도 흔들리며 겹쳐지는 다 초점
깊은 곳 얕은 곳 높은 곳 낮은 곳
잘못 흘러간 저 강물들의 비명 소리

가끔씩 불어오는 회오리바람 속으로
화석이 되어버린 사람들이 살아온다
아침은 거미줄처럼 입을 짝 벌리고

연 날리기

위로만 바라보는 한순간의 부질없음
맥박 소리 달아오른 저 푸른 야성
죽기로 날아오르기
네가 아니면 내가 쓰러지기

아무리 질척여도 삶의 눈금 정확한데
행여나 바람 든 날개로 운수대통할지
부딪치기 다리걸기 넘어뜨리기 낚아채기
스스로 추락을 자초하며 하늘 오르기

죽을힘을 다해서 승자를 꿈꾸지만
참으로 가관이다 눈도 귀도 다 풀려
한순간 절정을 위해 다 비워버린 잔
껍데기 나풀거리며 만신창이 된 몸통만

난타를 꿈꾸며

무지개를 그리는 지상의 불빛들
북쪽 끝 달동네에 오작교를 놓고 있다
도심의 심장을 난타하는 저 빛의 절규

앞만 보고 뿜어내는 위선의 거친 숨결
내 삶의 어디쯤에 사랑은 흐느낄까
꿈꾸는 모든 것들은 별이 되고 바람이 된다

찰나의 황홀함도 깡그리 가져가라
찢어진 날갯죽지 피멍도 가져가라
손가락 마디마디에 낙하하는 별무리

이분헌 | 충북 보은 출생 .《시조문학》 등단

반 점 외5

가는 날은 언제나 칼끝처럼 서늘하다
순간을 포착하여 행간에 앉혀 봐도
기어이 날개를 펴고 산등성을 넘어가는

새벽은 다시 또 팽팽히 줄을 당겨
철저한 계산으로 강행군을 시작한다
다시는 돌아올 수 없는 강물에 발 헹구며

나이테 가속도에 심해지는 울렁증
갑자기 뒤틀린 속 왝왝 위를 짜내고
긴 숨을 몰아 내쉬다
잠시 반점, 찍는다

감속운행

길은 늘 열려 있어 가도가도 시원하다
터널을 뚫고 나온 질주의 본능 조각
천천히
미끄럼주의
경고판에 한풀 꺾인다

페달 위 근질거리는 욕망을 구겨 넣고
빗길조심 감속운행 표지판 순종을 위해
슬며시
브레이크에
발을 옮겨 서행한다

촉각의 날을 세워 긴장하던 세포가
하나둘 몸을 풀며 창밖을 내다본다
아, 저기
풍경들의 소리
무수히 쏟아진다

여 정

부옇게 일어나는 산안개를 헤집고
한 모롱이 돌아들면 온 만큼 멀어지며
길고 긴 능선이 되어
손짓하는 삶의 길

얼마나 또 가야만 목적지에 닿는 걸까
속도계 비상경고 모른 체 질주하다
순식간 뇌세포 하나
창밖으로 빠진다

흐릿한 시야 속에 깜박이는 휴게소 불빛
사르르 잦아드는 지친 불혹을 내려놓고
천천히 한숨 돌리며
머물렀다 일어선다

재 생

비릿한 태풍으로 샛길마저 막혀버린
되돌아 나갈 길도 아득히 먼 어둠 속
무딘 벽
돌파구를 찾아도
빈 바람만 잡힌다

새장 속에 갇혀버린 우울증 새가 되어
처진 죽지 끌어올려 비상을 꿈꾸지만
축축이
젖어든 시간
시계추만 덜렁인다

오롯한 정성으로 헛뿌리 뽑아내어
옹벽도 새로 쌓고 도랑 내어 물길도 트고
신호등
환한 불 다시 켜
가까스로 일어선다

수화 합창

햇살이 때를 맞춰 조명을 좀 더 밝히자
대기하던 바람이 지휘봉을 높이 든다
풀꽃도 심호흡으로
후우욱 긴장을 풀고

강약의 지휘 따라 사뿐히 속삭이더니
분수처럼 솟구쳤다 여음으로 흐른다
마음귀 열어젖히는
아름다운 저 수화

노곤한 한나절을 환희로 초대하는
생생한 몸짓으로 영혼을 흔들어대는
그들의 제1부 행사에
기립 갈채를 보낸다

25번 국도

울컥 눈에 접힌 고질병이 도진 날은
마법에 이끌리듯 25번 국도로 나선다
상행선 나긋한 바람
체증 훑어 내리는

한 줄기 붉은 앵두 늘어지는 오후 건너
어머니의 낡은 청춘 친친 감긴 마당가
한달음 내려놓으면
허기져도 배부른.

이숙자

경남 김해 출생. 《문학세계》 시조 등단, 《새교실》 수필 천료. 황산시조문학상, 만송문학상 수상. 경남시조시인협회 부회장 역임. 시조집 《침묵의 휘장을 들추며》 외, 교육에세이 《아픔+시간=아름다움》. 마산문협 · 경남문협 · 한국시조시협 · 한국문협 회원.

봄의 여인 외 2

초봄, 뭔가 꿈틀거리는 듯한 산자락 보면
포근하고 은은한 산의 소리 들리고
겨울이 소복소복 깃든 마음 크는 잔 설경.

빨간 망개 열매 모진 추위 보듬고
소나무 숲 휘젓는 칼바람 안아서
계절의 끝자락 풍경에 취해보는 봄 여인.

선

직선은 인간이 만든 간결한 아름다움
곧아서 부러지기 쉬우나 대쪽 같은
보다 더 개척적이고 앞만 보는 정진이다.

곡선은 대대로 이루어진 산과 들의 미
내적인 유연성은 부러짐을 모르며
조화로 안정적인 인격 교훈 주는 삶의 상징.

경지 정리된 논, 옆으로 흐르는 냇물
직선과 곡선이 어깨 겯고 나란히
녹색의 벼를 키우는 안정적인 사랑이다.

병실 풍경

죽음과 삶이 침대마다 난무하는 병실
링거 병 달린 밀대들이 바퀴를 굴리고
간호사 종종걸음에 묻어나는 간절함.

보호자들 애틋한 눈빛에 어린 물기
아픔을 꿰뚫는 하얀 천사들의 의지
복도에 가득 찬 술렁임 희망 찾는 대화들.

하순희

《시조문학》 천료, 《경남신문》·《서울신문》 신춘문예 시조 당선. 경남시조문학상, 중앙시조대상 신인상, 성파시조문학상, 마산시 문화상 수상. 시집 《별 하나를 기다리며》 《적멸을 꿈꾸며》. 시조전문지 《火中蓮》 편집장

풀잎 같은 시 외 4

매화향 짙은 날에 그대를 보내고
삼천 대천 세계를 떠돌아 다녔네
왕소금 가슴에 묻은
저린 산은 푸르네

불멸의 바코드

태초로 돌아가는 아흔 넘은 어머니
엄마, 엄마—아! 혼신으로 부르는
마지막 핏줄 떨리는
저 불멸의 바코드

황금능선을 오르며*

매운 바람 맞으며 혹한을 건너가며
묵묵히 올라가는 부푸는 꽃잎 새길
또 다른 생각이 얽혀 발걸음이 느리다

산행길 닮아 있는 사는 날 고빗 길에
저마다의 짐을 진 버거운 삶이라도
스스로 올라야 한다 누군들 쉽겠느냐.

한 숨을 돌려주는 너럭바위 차운 정기
비우고 비워내라 일깨우는 바람 소리
지나온 신발의 행간 산죽처럼 청청하고.

망망대해 정상에서 내려갈 일 아득한데
헤쳐 온 삶의 자락 허방도 짚어가며
그리움 마무리해야 할
시간의 늪이 정갈하다

*황금능선 : 지리산 산청군 소재, 아름다운 능선.

겨우살이의 노래

한평생 살아온 길 있는 힘껏 손 뻗었다
남에게 빌붙어야 살 수 있는 태생이라
누군가 붙여준 이름 고맙고 감사한 일

하늘 향해 별빛 바람 백척간두 이겨 내며
잎 떨군 나뭇가지 홀로 푸름 간직한 채
험준한 고산준령에 고목들 기운 쟁여

원한 바 없이 얻은 채로 가진 바 없이 가진 채로
빼어난 기운을 모아 올곧은 한 생각뿐
눈부신 오늘을 위한 새 숨결을 품는다

| 동시조 |

엄마 생일

새벽같이 일어나 싱크대 앞에 살금살금
미역국을 끓이고 오곡 찰밥도 했어요
아빠랑 눈웃음 찡긋
조마조마 하면서

동동걸음 서툴러도 참기름 냄새 소올솔
어느새 일어나서 함박 웃는 엄마는
우리가 선물이래요
해님 닮은 사랑이래요

김경분 | 경남 산청 출생. 《경남문학》·《자유문학》 신인상 수상.

목골댁의 일요일

내 나이가 올해 아흔이란다. 자식들이 그렇다고 하니 그런 줄 알지 마음은 쉰도 안 된 것 같다. '어머니가 치매인 것 같다' 며 이삼 년 전에 저희들끼리 수군대는 것을 잠결에 설핏 들었다. 마산에 사는 둘째 아들과 병원에 가서 여러 가지 검사를 하고 난 뒤부터 한 달에 한 번씩 병원에서 타 오는 약을 먹는다. 먹으면 잠도 잘 오고 이런저런 좋지 않은 옛날 생각도 나지 않으니 자기 전에 꼭 챙겨 먹어야 한다며 아들은 올 때마다 신신당부를 한다.

나는 치매가 무슨 말인지 잘 모른다. 아마도 '노망났다' 는 말을 요샛말로 치매라고 하는 것 같다. 그렇다면 옛날 우리 시어머니나 친정어머니처럼 저세상 가기 몇 년 전부터 온 식구들을 죽도록 고생시켰던 그 몹쓸 병이 아닌가.

자식들이 전에 없이 내 눈치를 살피고 이유 없이 치솟는 화에 고함을

질러도 무조건 '예, 예' 하니 그 병이 나에게 온 것이 맞는 모양이다. 초하루나 보름 같은 날짜도 잘 모르고 금방 먹은 밥이 아침인지 점심인지조차 모를 때가 많다. 사오십 명이 되는 자식들과 손자들은 물론 증손들의 생일까지 기억을 하고 있는데, 이상하게도 수년 간 키워 온 헛간의 고양이 밥 주는 일은 종종 잊어버린다. 옛일도 생생하고 내 마음 또한 그대로인데 어제오늘 일을 잘 모른다고 노망이 났다고 야단인 모양이다.

나는 날짜를 몰라 답답한 일 외에는 별 불편한 것이 없다. 주말이면 객지에 사는 자식들이 한 번씩 다녀가는데 그날을 모르는 것이 제일 큰일이다. 눈만 뜨면 아랫집 현채에게 가서 오늘이 무슨 요일이냐고 묻는다.

아들 셋, 딸 셋 육 남매를 두었는데 위로 남매는 저세상으로 먼저 보내고 넷 남은 아이들은 뭣이 그리 바쁜지 얼굴 보기가 어렵다. 휴일이라고 다른 집 자식들이 동네로 들어서는 것을 보면 괜한 심통이 난다. 평생 내 앞에서 목소리 한번 높이지 않던 둘째 아들도 몇 년 전에 큰 수술을 했다고 한다. 아프다거나 바쁘다는 자식들의 사정이 핑계 같아서 슬며시 괘씸해지기도 하는 걸 보면 변한 것은 자식들이 아니라 내가 달라진 것이 맞는 모양이다.

이틀에 한 번꼴로 나에게 드나들며 온갖 시중을 들어주던 큰딸 생각이 간절하다. 남은 자식 넷은 먼저 간 남매의 반도 내 성에 차지 않는다. 자식들 형편 하나하나 생각하면 이해 못할 것도 없는데 한 번씩 와락 밀려드는 서러움과 섭섭한 마음이 좀처럼 다스려지지 않을 때가 많다.

오늘이 마침 일요일이라고 해서 일어나자마다 집 청소부터 시작했다. 오늘은 누구든지 이 노망난 어미를 찾아올 것만 같다. 서둘러 집안을 윤나게 청소하고 동백기름으로 머리를 곱게 빗은 뒤 집을 나섰다. 지팡이를 두드리며 오고가는 차가 잘 보이는 정자나무 언덕으로 올라가 자리를

잡고 앉았다. 자식들이 타고 다니는 차와 비슷한 색깔이 모퉁이를 돌아 나오면 가슴부터 뛴다. 목을 길게 빼고 눈 빠지게 쳐다보지만 무정한 차는 소리만 시끄럽게 내고 사정없이 내빼고 만다. 동네 사람들이 지나가다 멀끔하게 앉아 있는 나를 보고

"목골 아지매 누가 온다고 했어요?"

"아니, 그냥 바람 쐬고 있소"

손사래를 쳤다. 행여나 내 새끼들이 이 늙은 어미를 기다리게 하는 무심한 자식들로 비춰질까 봐 애가 탔다. 이럴 때 어느 자식이나 손자 하나라도 와 주면 내 체면이 설 텐데, 키울 때 자식이지 키워 놓으면 혼자 잘나서 다 큰 줄 안다.

자식들에게서 전화가 와도 걱정 안 와도 걱정이다. 엄마 목소리가 듣고 싶다며 안부 전화가 걸려오면 사는 일이 고단해서 전화를 했나 싶어 마음이 아프다. 또 오랫동안 연락이 없으면 무슨 일이 있나 싶어 그것도 불안하다. 한시도 가슴 위에서 내려놓을 수 없었던 불쌍한 새끼들이다. 벌써 쉰을 넘겼다는 막내 딸이 세 살 때, 마흔 여덟의 남편은 세상을 떠났다. 혼자 육남매를 키워내야 했던 한 많은 이 어미 못지않게 애비 없는 세상을 살아야 했던 내 새끼들 또한 힘든 고비를 수없이 겪으며 살아왔을 것이다. 잠이 들지 않는 밤이면 이런저런 옛날 생각이 나서 심장이 녹아내리는 것 같다.

작년까지 내가 일궈오던 텃밭은 잡초들이 무성하다. 몇 해 전 자식들이 집 가까운 느티나무 근처에 작은 텃밭을 만들어 주었다. 새끼들이 집에 들어서면 소쿠리부터 챙겨들고 나를 앞세워 텃밭으로 나갔었다. 여러 가지 쌈거리를 솎고 온종일 햇볕을 받아 빳빳하게 자란 배추도 두어 포기 쭉쭉 찢어 겉절이를 할 때의 그 행복을 어디에도 비할 데가 없었다.

환갑이 훌쩍 지난 자식들이 입을 쫙쫙 벌려가며 맛있게 먹는 모습을 보면 세상에 부러울 것이 없다.

이제 내 손으로 씨앗 한 줄 뿌릴 수 없으니 자식들은 올 때마다 찬거리를 싸서 온다. 나는 그것이 미안하고 또 미안하다. 어미를 찾아오는 불쌍한 내 새끼들에게 내가 해 줄 수 있는 것이 아무것도 없어서 늘 가슴이 쓰리다.

지난 설에 자식들이 모여 내 나이 아흔이 되었다고 증손까지 모두 모여 잔치를 하자고 의논을 했다고 한다. '나이 많은 것이 무슨 자랑이냐며 괜찮다' 고 한 내 말을 그대로 알아들었는지 봄이 지나고 여름이 되도록 아무 소식이 없다. 남들처럼 공부를 시켜 준 것도 아니고 먹고 입히는 것조차 제대로 못해 주었으니 내가 무슨 염치로 생일상을 받겠는가. 그런데 이상하게 날이 갈수록 처음 마음과는 달리 조금씩 섭섭해지기 시작했다. 모여서 잔치를 한다지만 내가 많이 먹는 것도 아니고 죽기 전에 내 밑에 딸린 식솔들 얼굴을 골고루 한 번 보고 싶은 마음뿐이다.

멀리 보이는 영감 묏자리 너머로 해가 지고, 느티나무 잎 사이로 찬바람이 불어 소름이 돋는다. 열일곱 내가 시집올 때는 이 느티나무도 잎이 무성하고 하루가 다르게 새 가지를 뻗었었다. 마른 가지가 뚝뚝 떨어지는 것을 보니 꼭 내 살아온 세월 같다. 나이를 먹어 좋은 것이 세상에 어디 있겠는가. 이제 집으로 내려가 밥을 챙겨 먹어야겠다. 개미 새끼 한 마리도 없는 썰렁한 집에 들어서기가 외롭고 쓸쓸하다. 반

평생을 혼자 살아 왔는데도 나이가 들수록 혼자라는 것이 몸서리쳐지도록 서럽다.

집에 들어서는데 전화벨이 울린다. 짚고 있던 지팡이를 내던지고 얼른 방으로 들어가 수화기를 들었다. 효성스런 둘째 아들이다. 다음 일요일에 내 생일 잔치를 할 것이란다. 나는 반가운 속마음과 달리 목청을 높여 고함을 질렀다.

"이놈아 내가 죽어도 너희들은 모를 끼다"

김정희 | 《예술세계》 수필 신인상 수상. 거제문예회관 마케팅 팀장

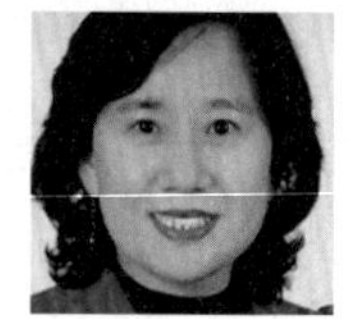

웃음의 힘에 대하여

신이 유일에게 인간에게만 준 보너스가 웃음이라고 했는데 지난겨울은 유난스런 한파로 우리들의 마음에 웃음의 여유가 적었던 계절이 아니었나 싶다. 그런 계절을 보내고 봄이 오는 길목에서 진정 우리의 마음을 웃게 하는 봄비 같은 한편의 공연이 있었다.

지난 주말 거제문화예술회관 소극장에서는 '유쾌한 희극, 감동적인 찬사, 희망 어린 메시지' 라는 타이틀을 내건 〈웃음의 대학〉이라는 연극공연이 무대에 올랐다. 두 명의 배우가 러닝타임 100분간 한 공간에서 주고받는 대화로서 자칫 단조롭고 지루하지 않을까 생각할 수 있지만 대사 한마디 한마디가 관객들에게 끊임없는 웃음을 선사하는 그런 공연이었다.

줄거리는 대충 이렇다. 1940년대 제2차 세계대전이라는 시대상황은 모두가 웃음을 잃어버린 비극의 시대이다. 비극의 시대의 권력으로 상징

되는 검열관은 이 전쟁시대에 웃게 하는 공연을 무대에 올릴 수 없다는 단호한 방침을 갖고 있다.

권력에 맞서는 '웃음의 대학' 전속 작가는 힘든 시대를 살고 있는 관객들에게 웃음을 전할 수 있는 작품을 공연하기 위해 검열을 신청한다. 그러나 이런 시대에 희극 따위는 필요 없다고 생각하는 냉정한 검열관은 극단 '웃음의 대학' 의 문을 닫게 하기 위해 대본 속 '웃음' 이 있는 장면은 모두 삭제하라고 강요한다. 공연 허가를 받기 위해 검열관의 무리한 모든 요구를 받아들이며 대본을 수정하는 작가, 하지만 대본은 오히려 더 재미있어 지고 만다.

〈웃음의 대학〉은 이 두 사람을 통해 권력도 꺾지 못하는 예술에 대한 열정, 그리고 감동으로 승화하는 웃음의 코드를 절묘하게 배치하여 공연을 관람하는 내내 관객들을 웃음 짓게 하며 웃음의 미학 속에 담긴 페이소스를 느끼게 하였다. 인간의 왕성한 활동시기를 60으로 보았을 때 그 일생을 분석해 보니 잠자는데 26년, 일하는데 21년, 식사하는데 6년, 기다리는데 6년, 웃는데 보낸 시간은 고작 하루에 불과하다는 우스갯소리도 있듯이 우리는 웃음에 너무 인색한 삶을 살고 있지 않을까 하고 생각한다.

웃음이 주는 효과는 건강의학적인 측면에서도 입증되었다. 웃음은 스트레스를 진정시키고 혈압을 떨어뜨리며, 혈액 순환을 개선시키는 효과가 있다고 하였다. 웃고 나면 굳어진 어깨도 풀리고, 스트레스도 사라진다. 한번 웃는 것은 에어로빅 운동을 5분 동안 하는 운동량과 같다. 20분 동안 웃는 것은 3분 동안 격렬하게 노 젓는 운동량과 같다. 웃음은 체내 면역체를 강화시켜 주는 세균의 침입이나 확산을 막아주는 천연적인 진통제인 엔돌핀을 분비시켜 육체의 고통을 덜어주는 무형의 보약이다.

생체학적인 측면에서는 부교감신경을 자극시켜 심장을 진정시키고 몸을 안정시켜 준다. 폭소는 긴장을 이완시키고 혈액순환을 도와주며 질병에 대한 저항력도 길러 준다. 쾌활하게 웃으면 우리 몸속의 650개 근육 중 231개의 근육이 움직인다 웃을 때의 얼굴 근육은 15개가 움직인다고 한다.

어릴 때부터 성적에 짓눌려 맘껏 뛰어놀 수 없고, 청년들은 직장 구하기에 웃음을 잃고 살며, 성인들은 치열한 경쟁에서 살아남기 위하여 발버둥치고, 노년의 안락함도 보장받지 못하는 것이 우리네 삶이다. 이렇듯 소중한 우리의 즐거운 웃음의 삶은 어디에서 보상을 받는단 말인가? 그러나 우린 찾아야 한다. 웃음이라는 마법같이 신비하고 보석같이 빛나는 신의 선물을 말이다.

웃음이란 몸 전체가 즐거워하는 감동이라고 했듯이 연극이라는 한편의 예술 공연이 관객들의 정신을 감동시키고 그 속에 담긴 웃음이라는 내용들이 관객들의 몸 전체를 즐겁게 감동시켜준 "웃음의 대학"은 진정한 웃음의 힘을 보여준 주말 공연이었다.

박귀희 | 경남 고성 출생. 《경남문학》·《한국수필》 신인상 수상

마음의 창

식구들이 썰물처럼 밀려나간 아침, 그들의 빈자리를 멍하니 쳐다보고 섰다. 어미가 물어다준 먹이로 배를 든든히 채우고 더 높고 멀리 나는 연습을 하기 위해 떠난, 새의 빈 둥지를 보는 것 같다. 몸만 빠져나간 이부자리와 아무렇게나 벗어던진 나뒹구는 옷가지들, 발걸음을 옮길 때마다 발바닥에 먼지가 달라붙는다.

눈앞에 펼쳐진 상황보다 머릿속이 더 어수선한 느낌이 들어 창문을 열었다. 오늘도 창밖으로 본 전경은 그다지 특별한 것이 없다. 늘 보던 아파트 주차장과 교회의 십자가, 도로를 달리는 자동차에서 나는 소음은 끊이질 않고 길가의 촘촘하게 이어진 집들도 여전하다. 순간 잡다한 일상에서 탈출하고 싶다는 생각을 해본다.

언젠가 보았던 영화 《전망 좋은 방》이 떠오른다. 영국 부유한 집안의 숙녀 루시는 피렌체로 여행을 떠나 전망 좋다고 소문난 펜션에 도착한

다. 하지만 기대와 달리 창밖으로 강이나 바다 같은 시원한 풍경은 보이지 않는다.

'다른 사람들은 무엇을 보고 전망이 좋다고 하는 걸까'

루시는 그저 방이 답답하다고 느낄 뿐이다.

여자 주인공이 창문을 활짝 여는 장면이 영화내용을 함축해 보여준다. 사랑스럽고 활달한 영국 숙녀가 이탈리아를 여행하면서 만난 남자와 집안끼리 정한 약혼자 사이에서 갈등하다가 우여곡절 끝에 사랑의 의미를 깨닫는다는 내용이다.

마지막 부분에 주인공이 다시 피렌체로 여행을 하고, 처음에 묵었던 펜션의 창을 통해 똑같은 전망을 그대로 보여준다. 그런데 이번에는 어딘지 모르게 다른 풍경이다. 갈등과 방황 속에서 자신의 진정한 모습을 잃어버린 채 바라보던 때와, 마음속에 싹튼 감정을 있는 그대로 받아들이기로 하고 사랑하는 사람과 함께 바라본 것의 차이였다. 변한 것은 풍경이 아니라 보는 이의 마음이었던 것이다.

지난해 여름 끝자락이었다. 계속되는 폭염으로 지쳐가던 중, 한줄기 소나기가 내려 대지의 뜨거운 열기를 식혀주는 듯했다. 게다가 찌르라미 소리까지 들려와 모처럼 뒤척이지 않고 잠을 잘 수 있었다. 벌써 가을의 전령사가 찾아왔다며 남편에게도 한마디 건네고 한낮의 더위는 까맣게 잊고 그 밤을 넘겼다. 그런데 아침에 눈을 뜨니 아직도 어젯밤 찌르라미 소리가 나고 있는 것이 아닌가. 알고 보니 오래된 선풍기에서 나는 소리였다. 선풍기의 찌직거리는 소리가 거슬려 잠을 설친 적이 한두 번이 아니었다. 도대체 무슨 조화였을까.

밤새도록 선풍기 바람을 쐬고 잘 정도로 더운 날씨였는데도 찌르라미 소리라고 생각했던 것이 내 마음에 가을을 들앉혔던 것이었나 보다. 마

음 들이기에 따라 소음이 자장가가 될 수도 있다는 것을 알았다.

몇 달 전 장애인의 날을 앞두고 대통령이 라디오 인터넷 연설에서, 장애인을 위한 지원보다 더 중요한 것은 '마음의 창'을 여는 것이라고 했다. 장애인을 향한 우리가 갖고 있는 편견이나 벽을 해소하기 위해 더욱 노력해야 한다는 것이다. 창이 제 역할을 못하고 열리지 않는다면 벽과 무엇이 다르겠는가.

그날 대통령이 읽었다던 뇌성마비 시인이 발로 자판을 두드려 쓴 시를 한 구절 따라 읊조려본다.

> 마음마다 창을 달아두자
> 날마다 찾아드는
> 새 바람 같은 생生을 선사할 만한 그런 마음의 창을.
>
> —이흥렬 시인의 〈어떤 의미〉 일부

몇 번을 읽어보니 내 마음에도 창이 있어 바람이 들어와 씻어주는 것 같다.

'피할 수 없으면 즐겨라'는 말이 있듯이 어질러진 집안을 청소하기 위해 앞치마를 둘렀다. 식구들이 돌아왔을 때 정갈한 분위기를 느낄 수 있도록 정리정돈을 했다.

다시 창밖을 바라본다. 아파트 주차장에 그려진 반듯반듯한 자리표는 온종일 누군가의 발이 되어 달리고 있을 차들이 무사히 돌아오기를 기다리고 있다. 길 건너 보이는 십자가의 불빛은 내 보금자리까지 깊숙이 들어와 밝혀준다. 마음만 먹으면 언제든지 기도할 수 있으니 얼마나 감사한가.

주차장과 교회 사이 삼각공원의 싱그러운 나무들이 눈의 피로를 풀어준다. 바람결에 나부대는 느티나무의 살랑거림이 아까는 왜 눈에 들어오지 않았던 것일까. 다시 보니 새롭다.

배소희 | 부산 출생. 《경남문학》《현대수필》로 등단. 배소희논술학원 원장. 경남대 출강. MBC문화센터 논술전담강사.

인연 만들기 외 1

사람과 사람 사이에는 늘 감정이 흐른다. 좋은 감정이든 나쁜 감정이든 새로운 사람을 만나는 순간부터 서로 감정을 쌓게 된다. 만나는 사람의 숫자만큼 사람의 생각과 감정은 다양하다.

스티븐 코비는 새로운 사람을 만나면 '감정은행계좌'가 개설되고, 시간이 지나고 관계가 깊어짐에 따라 그 통장에 잔고가 늘어나기도 하고 줄기도 한다고 말한다. 인간관계에서 구축하는 신뢰의 정도를 은유적으로 표현한 말이다. 우리는 사람과의 만남에서 이러한 감정의 경험을 많이 하게 된다. 인연을 맺은 사람 사이의 감정은행계좌에 잔고가 많으면 내 말이 다소 부정확하고 어눌할지라도 내가 말하고자 하는 의미를 잘 알아차려서 오해가 없는 좋은 사이가 유지되고 있으며 지속적으로 좋은 관계가 될 것이다.

반면에 감정은행계좌에 잔고가 없거나 마이너스계좌인 사람과의 경우

에는 말을 할 때마다 긴장해야 하며 사소한 일에도 큰 오해를 낳게 되는 여유 없는 관계가 지속할 것이다. 어떤 사람이 날 오해하고 불신하는 것도 모두 자신 탓이다. 그 사람과의 감정계좌에는 잔고가 조금밖에 없거나 마이너스인 상태일 것이다. 상대방과의 신뢰도가 없어졌기에 사소한 말이나 작은 일에도 오해하고 불신을 만들게 된 것이다. 휴면계좌인 경우에도 잔고가 많이 남아 있는 경우에는 세월이 많이 흐른 다음에도 상대방의 신뢰가 그대로 유지되고 있음을 우리는 가끔 경험하게 된다.

얼마 전 나는 어떤 모임에서 우연히 20여 년 전에 이웃에 살았던 사람을 만났다. 결혼하자마자 시가에 살았던 새댁시절 내 모습을 기억하며 "혹 예전에 회원 1동에 살지 않으셨습니까? 제가 댁의 어르신을 잘 아는데…. 며느님인 것으로 기억하고 있는데…."라는 질문에 깜짝 놀랐다. 잠시 예전의 내 모습이 떠올랐다. 결혼하고 이웃집에 인사하느라 색동저고리를 입고 떡을 돌리던 모습이 뇌리에 스쳐 지나갔다. 아버님이 그 사람을 "참 성실한 사람이다"며 늘 칭찬했던 기억도 났다. 그래서인지 세월이 많이 흐른 다음에 만난 사람이지만 예전의 좋은 감정으로 남아 있었다.

중년이 지나면서 예전 사람과 만나는 기회가 많아졌다. 부산에서 초등학교를 나와 초등학교 동창생들은 만날 기회는 없지만, 여고 동창생들을 만나면 서로 여고시절을 회상하며 흐르는 이야기에 시간 가는 줄 모른다.

그녀들과는 세월의 흐름에 아랑곳없이 여고시절 서로의 모습을 기억하며 저마다 감정은행계좌에 남아 있는 잔고만큼 정겨움과 배려가 흐른다. 휴면계좌였지만 모두 잔고가 남아 있는 상태이며, 서로 마이너스계좌는 없는 것 같았다. 앞으로도 지속적으로 예입이 될 것이라고 확신한

다. 그래서 여고 동창회에 가면 참 좋다. 여고를 졸업한 후 서로 자주 만나지 못했지만 마음이 편하며 모두가 서로 신뢰하는 사이란 것을 시간이 흐를수록 확인해 간다. 여고 동창생들은 우리를 순수했던 여고 시절로 시간을 되돌려준다. 서로 생활의 잔영이 비쳐 보이지만 서로에게 기쁨을 주고 위안과 평안을 주는 사이이다. 다소 실수를 하더라도 용서를 하고 사소한 일이더라도 서로 감싸 안아주는 좋은 인연의 사람들을 만날 수 있고, 그녀들이 곁에 있어서 행복하다.

상대방의 감정은행에 신뢰를 쌓는 신뢰은행계좌이자 행복은행계좌를 많은 사람이 가졌으면 좋겠다. 학생들이나 취업생들도 스펙도 중요하지만 친구와 친구사이, 사람과 사람 사이에 쌓아가는 감정의 스펙도 살아가는데 중요하다는 것을 그들이 알았으면 좋겠다.

세월이 지난 먼 훗날, 가까운 친지나 이웃, 친구들이 신뢰하고 때로는 사회생활을 하면서 힘들어 할 때 위안을 해 주고 튼실한 버팀목이 되어주는 사람 몇몇이라도 곁에 있다면 얼마나 행복할까. 사람냄새가 나는 따뜻한 인성을 바탕으로 자신의 실력이나 경력을 쌓아간다면, 그래서 행복계좌통장에 잔고가 차곡차곡 쌓였으면 좋겠다.

더불어 살아가는 것은

올봄에 딸이 중학교에 입학했다. 오랫동안 길렀던 긴 머리를 단발로 단정하게 자르고 교복을 입고 집을 나서는 모습이 너무나 예뻐서 뒷모습을 한참 바라보았다. 딸이 중학교 생활을 잘 적응하며 밝은 표정으로 등교하는 모습을 곁에서 지켜보니 흐뭇했다.

그리고 무엇보다 기쁜 것은 딸이 수화반에 들어가서 클럽 활동을 하게 되었다는 것이다. 수화를 배우는 딸의 모습을 상상하며 기특한 생각이 들었다. 수화를 배우면서 남을 배려하는 마음을 배우고, 손으로 상대방과 대화하는 법을 배워 나가는 딸의 모습은 마치 첫걸음을 떼는 아기의 모습 같다. 딸이 수화를 열심히 배워 손으로 사랑을 전하고 사람들과 더불어 사는 삶을 배울 수 있었으면 하는 바람이 가득하다.

한국교육개발원과 한국청소년정책연구원의 연구에 따르면 우리 청소년의 사회역량지표는 세계 36개국 중 35위였다고 한다. 또한 한국 청소

년은 지역사회단체와 학내자치단체에서 '관계 지향성'과 '사회적 협력' 부문의 점수가 모두 36개국 중 최하위였다는 것이다. 우리나라 중·고교 청소년생들에게 배려나 협동과 같은 공동체 의식이 결여된 것 같다고 짐작은 했으나 막상 이러한 통계 수치가 나온 것을 보고 당황했다.

학생들이 더불어 살아가는 의식이 부족한 것은 사실이나 그들 탓만은 아닌 것 같다. 학생들은 배려와 협동보다는 경쟁을 먼저 배웠으며, 학력 위주인 학교와 사회의 인식 때문이 아닌가 생각한다. 교육의 경쟁에서 뒤지고 집에서나 학교에서 인정받지 못하는 일부 청소년들은 문제 학생화되어 친구들을 따돌리거나 폭력을 행사하게 된다.

얼마 전 어느 학생에게 충격적인 말을 들었다. 중학교 졸업식 날 교실에서 일어난 일을 자세히 말해 주면서 그 학생은 안도의 숨을 쉬었다. 이야기의 요건은 다음과 같다. 같은 반인 어떤 학생이 졸업앨범을 받자마자 같은 반 친구들의 사진을 하나씩 칼로 도려내고 쓰레기통에 버렸다고 한다. 그 학생은 평소에 반에서 따돌림을 받고 괴롭힘을 받는 학생이었다. 졸업 앨범을 쓰레기통에 버린 학생은 순식간에 교실 창문에 올라서서 4층에서 뛰어내리려고 발을 떼려는 순간 내가 아는 학생이 빠르게 달려가 그 학생의 허리를 부여잡고 뒹굴었다는 것이다. 문제의 심각성은 그 다음에 있었다.

반 학생들은 놀라기는커녕 "왜 뛰어내리지 않느냐"며 "다시 뛰어 내려봐라"며 그 학생을 놀렸다는 것이다. 나는 무척 놀랍기도 하였고 우리 청소년들의 삭막해져가는 마음의 풍경을 본 것 같아서 가슴이 아팠다. 사람의 목숨을 마치 게임 속의 아바타처럼 생각하고 아무렇지 않게 생각하는 학생들의 모습이 무책임하고 무관심한 어른들의 책임인 것 같은 생각도 들었다. 얼굴도 모르는 그 학생이 지금 고등학교에 가서 학교생활

을 잘 견뎌내고 있을지 걱정이 된다.

나와 함께 사는 사람들을 배려하고 협동하며 살아가는 삶의 태도를 배우는 것이 중등교육의 목적 가운데 하나이다. 그런데 청소년들 중 일부는 '나 위주의 생각' 이나, '나 하나쯤이야' 라는 생각으로 경쟁의식과 생명 경시 풍조가 팽배해 있다.

칸트는 "교육이란 사람을 사람답게 형성하는 과정이다"라고 하여 교육의 중요성을 강조하였다. 그런데 현재 우리 사회에서나 학교에서의 교육은 전인교육을 하기보다 학력 위주의 교육을 중요시해 온 것이 사실이다. 사람은 사회화 과정에서 사람답게 살아갈 수 있으며 사람답게 살기 위해서 반드시 필요한 것이 삶의 원칙이며 더불어 살아가는 것을 배워야 한다고 생각한다.

베르나르 베르베르에 의하면 개미의 배 속에는 '사회위' 라는 제2의 위장이 있다고 한다. 그 속에서는 먹이를 소화시키지 않고 보관만 한다. 굶주린 동료 개미가 다가와 입을 벌리면 요구를 받은 개미는 망설임 없이 자신의 위에 보관한 먹이를 올려 먹여 준다고 한다.

동료의 도움 요청에 조건 없이 베푸는 개미들의 모습은 나눔의 행위이며 더불어 사는 삶을 실천하는 모습이다. 우리의 아들 딸들도 남을 배려하고 더불어 사는 삶의 모습에 한 걸음 가까이 다가갔으면 한다. 개미가 가지고 있는 사회위를 지닌 마음으로 나보다 힘이 없고 약한 사람들에게 도움을 주고 더불어 살아갈 수 있었으면 한다.

우리 청소년들의 등하교길이 가볍고 행복한 걸음걸음으로 이어졌으면 좋겠다.

원순련

교원공제회 수기, 《매일신문》 신춘문예 수필, 《경남신문》 동화, 《시와현장》 시부문 신인상 당선. 거제문협 지부장, 거제 신현초등학교 교사.

아버지의 작업복 외 1

어느 회사에서 초등학교 글짓기 작품 심사를 의뢰해 왔다. 몇 명의 문인들이 글의 종류에 따라 담당자를 정하고 심사를 하기 시작했다. 내가 맡은 부분은 고학년 산문 분야였고, 제목은 '아버지의 작업복' 이었다.

심사도 하기 전에 제목이 상당히 마음에 들었다. 그러나 한편으론 아침에 학교에 등교하면 방과후학습, 학원 다녀오기 등 어른보다 바쁜 일과를 보내고 있는 아이들이 과연 아버지의 작업복을 눈여겨보기나 했을까 내심 걱정을 하면서 한 작품 한 작품을 열심히 읽어갔다.

내 예상대로였다. 아이들은 아버지의 작업복이란 제목 자체에 흥미를 갖지 못하고 있는 것 같았다. 대부분 학생들이 아버지의 작업복을 똑같은 색깔에 똑같은 모양의 의복으로만 표현하여 나도 몰래 울컥하는 마음이 솟아났다. 더 가슴 아픈 것은 눈뜨면 출근을 해 버렸고, 늦게 퇴근하시는 일이 많아 아버지의 작업복에 대한 별다른 느낌이 없다고 적어 놓

은 사실이었다.

그러나 책상 위에 가득 쌓여 있던 작품들이 절반을 넘길 때쯤 나도 몰래 가슴이 따뜻해 지며 눈시울이 젖어드는 몇 작품이 나오기 시작했다.

작품 속의 A학생은 친구들과 함께 공부를 마치고 학원으로 가던 중 우연히 길거리에서 아버지를 만나게 되었다. 그때 아버지가 입은 옷은 기름때가 절여 있었고, 땀에 절여 후줄근한 아버지의 모습이 너무나 창피하여 같이 걷던 친구들 보기가 너무나 민망했다. 그러나 아버지는 자기 속도 모른 채 호주머니에서 오천 원 한 장을 꺼내어 아이스크림을 사 먹고 가라고 했을 때 그 돈을 받지 않고 도망을 치고 싶었다.

그런 일이 있은 며칠 후 학교에서 조선공단 방문을 하게 되었다. 많은 아저씨들이 얼굴도 알아보지 못할 모자를 쓴 채 용접을 하고 있는 모습을 보게 되었고, 무엇을 하는지 모르지만 고층 건물보다 더 높은 곳에 개미처럼 매달려 일을 하는 모습도 보게 되었다. 그때 이 학생은 자기들의 곁을 지나가는 아저씨들의 작업복이 바로 며칠 전 거리에서 만났던 자기 아버지 작업복과 똑같은 모양에, 똑같은 냄새를 풍기고 있음에 깜짝 놀랐다. 이 학생은 그때서야 아버지의 작업복이 바로 자기 아버지가 하시는 일임을 깨닫게 되었고, 어쩌면 저 높은 곳에 매달려 있는 분이 바로 자기의 아버지인지도 모른다는 생각이 들자 눈물이 앞을 가리게 되었다. 작품의 마지막에 그 학생은 조선소 방문을 통하여 아버지의 작업복이 바로 자신들의 가정을 이끌어가는 원동력이라는 것을 깨닫게 되었다는 것으로 끝맺고 있었다.

작품 속의 B학생은 아버지가 매일 헌옷만 입고 일을 하는 것에 속이

상했다. 자기 아버지도 농협에 다니는 친구 아버지처럼 말쑥하게 양복을 입고 다녔으면 소원이 없겠다는 생각을 늘 갖고 있었다. 더구나 그 학생의 아버지는 버섯을 재배하는 사람이라 저녁마다 집으로 들어설 때면 아버지의 작업복엔 늘 산에서 묻어온 나뭇잎들과 흙이 범벅이 되어서 아버지만 집에 들어서면 깨끗하게 청소해 놓은 집이 다시 청소를 해야 할 만큼 지저분해졌다. B학생은 아버지께 제발 집으로 들어올 때면 밖에서 작업복을 벗고 들어오라고 부탁해도 아버지는 늘 그대로여서 불만이 이만저만이 아니었다.

그러던 어느 날 가족들이 아버지가 버섯을 재배하는 곳으로 가서 일손을 돕게 되었는데, 아버지가 하루 동안 산에서 어떤 일을 하시는지를 낱낱이 보게 되었다. 먼저 드릴로 참나무에 구멍을 뚫은 다음, 그 뚫린 구멍 속으로 버섯의 종자를 넣고 있었는데 그 일은 서서 하는 일이 아니라 땅바닥에 무릎을 꿇고 하루 종일 기어 다녀야 하는 일이었다. 뿐만 아니라, 마지막엔 버섯이 자라면 산속 동물인 산돼지랑 노루가 버섯을 먹어치우기 때문에 그 녀석들이 들어오지 못하도록 철조망을 치는 일까지 하여 아버지는 하루 종일 산속을 기어 다니며 일을 하시고 계신다는 것을 직접 보게 되었다고 했다.

6학년인 B학생은 그동안 농협에 다니는 친구 아버지처럼 말쑥하게 양복을 입고 다니는 일을 하지 못하는 아버지를 늘 부끄럽게 생각한 자신이 미워졌다고 했다. 더구나 청소를 다한 후 산에서 함께 따라온 나무 부스러기랑 톱밥 먼지들이 집안을 어지럽힌다고 아버지를 탓했던 자신이 부끄러웠다고 했다. B학생의 작품은 깊은 뉘우침과 함께 마지막엔 아버지의 그 작업복이야말로 가장 정직하게 살아가는 아버지의 모습이었음을 가슴으로 받아들이며 그런 아버지를 존경한다고 끝을 내고 있었다.

아버지의 모습을 우리 아이들은 얼마나 가슴에 담고 있을까?

우스갯소리일지 모르지만 유치원 학생이 '우리 집'이라는 제목의 그림을 그렸다고 한다. 어머니는 앞치마를 두르고 저녁을 짓고, 동생은 장난감으로 즐거운 시간을 보내고, 자신은 TV를 보면서 숙제를 하는 모습을 그려놓고 있었다. 그리고 곁에는 강아지 한 마리도 그려놓았다고 한다. 그 그림을 보고 선생님께서 왜 아버지는 안 계시냐고 물었더니, 어머니가 밥을 해 주시고, 동생이 있어 놀 수 있고, 강아지도 있으면 같이 놀 수 있으니까 아버지는 없어도 된다고 했단다.

옛날엔 아버지와 같이 농사도 짓고, 밭도 매고, 산에서 나무도 하면서 아버지의 모습을 지켜보면서 자랐다. 특히 어렸을 때부터 아버지와 같이 일을 하기도하고 심부름도 하다보니 아버지와 서로 뜻이 맞지 않아 가끔씩 투정을 부리기도 하면서 살았다. 그러나 그때는 그렇게 하면서 아버지를 배우고, 아버지를 이해하고 존경하며 아버지야말로 가정의 기둥임을 몸으로 느끼며 살았다.

요즈음의 아버지는 정말 바쁘다. 일에 지치고, 날로 늘어나는 교육비와 가계비에 시달려야 하고, 그리고 무엇보다도 자녀들과 자주 놀아줄 시간이 없어 요즈음 아버지는 부재 아닌 부재의 존재가치를 갖고 있다. 그래서 자녀들은 아버지의 모습을 잃은 채 가정교육의 모든 것을 어머니가 맡고 있는 실정이다. 이런 어려운 시대에 아버지의 위치와 아버지에 대한 고마움과 존경을 바르게 지도해야 할 몫은 어머니이다.

"아버지가 열심히 일하셔서 우리가 이렇게 행복하게 사는 거야."

"아버지 닮아서 너가 그렇게 손재주가 좋은가 보다."

"너는 아버지 덕분에 그런 경험을 하게 된 거야."

이렇게 어머니의 입에서 아버지에 대한 모든 것이 교육되어야 한다.

뿐만 아니라, 아버지의 작업복을 세탁할 때 아직 어린 자녀일지라도 아버지의 작업복이 왜 이렇게 땀에 절여지게 되었는지를 넌지시 알려주어야 한다. 그리고 아버지의 작업복을 세탁하여 다림질을 정성껏 하는 모습도 보여주어야 한다. 이왕이면 아버지의 일터를 함께 견학하면서 작품 속의 학생처럼 아버지의 감사함을 스스로 깨달아야 한다. 그런 교육은 학교에서 알려주는 일반적인 아버지에 대한 지적인 교육과는 전혀 다른 효과인 가슴속에서 우러나는 사랑으로 뭉쳐진 교육이 될 것이다.

오늘 작품 심사를 하면서 나는 참 행복했다.

요즈음 아이들이 왜 저렇게 부모 생각을 못하는지 모르겠다고 야단이지만 오늘 글 속엔 그래도 많은 아이들이 저렇게 아버지의 작업복에서 아버지의 존재가치를, 아버지의 그 숭고한 고마움을 스스로 깨닫고 배워가기 때문이다.

수단의 슈바이처 고 이태석 신부

지난 연말부터 2월을 넘어선 지금까지 극장가를 눈물로 적신 영화로 고 이태석 신부님의 《울지 마 톤즈》를 꼽을 수 있다.

남수단과 북수단의 분쟁으로 인하여 내란이 끊이지 않았고, 가난과 질병, 굶주림으로 이어지는 죽음의 그림자가 드리운 나라로 날아가 생의 마지막 삶을 토해내며 수단 사람들의 슈바이처로 살다 48세의 젊은 나이로 불꽃 같은 삶을 마감한 고 이태석 신부의 삶은 보는 이로 하여금 가슴을 도려내는 눈물을 머금게 한 실존영화이다.

그는 인제의대를 졸업하고 삶이 보장된 의사로서의 앞길이 열려 있었지만 모든 것을 내려놓고 다시 사제의 길을 택해 한국인으로서는 처음으로 아프리카의 수단으로 날아가 병원과 의사가 없는 톤즈에 그의 둥지를 틀었다.

그는 그곳에서 종교를 넘어선 의술을 제일 먼저 펼쳤다. 그는 주민들

과 힘을 합하여 50도가 넘는 더위 속에서 직접 벽돌을 찍어 병원을 세워 톤즈의 유일한 의사가 되었다. 많은 사람들이 그에게 진료를 받기 위하여 모여들기 시작했다. 그를 만나면 살 수 있다는 신념으로 100㎞가 넘는 곳에서도 환자들이 몰려왔으며, 한밤중에도 그를 찾는 환자가 끊이지 않았지만 그는 한 명의 환자도 그냥 돌려보내는 일이 없었다. 특히 한센병과 결핵으로 고통받는 환자들을 찾아다니는 이동 진료를 하며 그는 톤즈 사람들의 손과 발이 되어주었다.

다음으로 그는 톤즈 청소년들을 위한 학교를 지었다. 12년 과정의 초 · 중 · 고등학교를 설립하여 그도 직접 고등학교 과정의 수학을 가르쳤다. 그는 이 힘들고 어려운 수단의 앞길에 빛을 심어주는 길은 자라나는 청소년들에게 교육의 기회를 제공하여 이들이 무지에서 벗어나 스스로 일어서 모국의 앞날을 이끌어가는 것이라고 판단하였기 때문이다.

이 일이 끝난 후 그는 이제 아이들의 심성변화에 눈을 돌렸다. 장기간의 전쟁으로 상처받은 청소년들의 마음을 음악으로 치료하기 위하여 35인조 브라스밴드를 조직하여 직접 학생들에게 악기연주를 가르쳤다. 그리고 한국 지인들의 도움으로 단복을 입혀 총 대신 악기를 들고 정부의 각 기간에서 실시하는 행사에 연주를 하였다.

그로 인하여 톤즈 사람들은 아픈 몸을 치료받을 수 있었고, 학생들은 교육을 받을 수 있었고, 전쟁으로 얼룩진 수단의 톤즈 사람들에게 희망의 햇살을 뿌려주었다. 한 사람의 헌신이 수단의 톤즈에 기적을 낳게 한 것이다. 그런 그가 세상을 떠났다. 휴가차 한국에 나와 건강검진을 받은 그의 몸은 간암 말기로 그가 그토록 아끼고 사랑하며 그의 삶을 불태웠던 톤즈로 돌아가지 못하고 하늘나라로 간 것이다. 영화의 끝부분에 톤즈 사람들이 고 이태석 신부의 투병생활과 장례식 장면을 보고 흘리던

그 눈물의 의미를 우리는 모두 알고 있다. 그는 이렇게 떠나갔지만 그가 뿌린 의술과 교육과 사랑이 그 언젠가는 피어나 수단 사람들의 앞날에 빛이 더해지는 날이 오리라.

> 주여!
>
> 지금은 아무것도 보이지 않습니다./ 메마르고 가난한 땅, 나무 한 그루 시원하게 자랄 수 없는 이 땅에 저희들을 옮겨와 앉히셨습니다. (…중략…) 지금은 예배 드릴 예배당도 없고 학교도 없고 그저 경계와 의심과 멸시와 천대함이 가득한 조선 땅이지만 이곳이 머지않아 은총의 땅이 되리라는 것을 믿습니다.

1885년 영국 출신의 미국 선교사 언더우드가 조선에 선교사로 건너와 무지와 굶주림과 희망이 보이지 않는 조선을 향해 쓴 '보이지 않는 조선의 마음'이라는 언더우드 선교사의 묘에 기록되어 있는 기도문이다. 우리나라도 그랬다. 서양문물 속에서 살아온 선교사의 눈에 비친 조선은 이태석 신부의 눈에 비친 수단과 똑같았을 것이다. 이런 조선에 이태석 신부와 같은 마음을 가진 언더우드 선교사가 날아와 이 땅에 복음보다 먼저 교육을 위한 연세대학을 설립하여 조선의 청소년들에게 배움의 눈을 뜨게 하였고, 알렌과 에비슨 선교사의 헌신과 미국 부호인 세브란스 씨가 기증한 돈으로 세브란스병원을 설립하여 죽어가는 조선 사람들의 생명을 구했다. 그뿐만이 아니다. 선교사들은 복음과 함께 각 지역에 병원과 학교를 지어 약 한 번 먹지 못하고, 치료한 번 받지 못하고 죽어가는 사람들을 살렸으며, 교육받을 기회를 갖지 못한 상민의 자녀들에게도 교육의 기회를 주었다. 그런 그들의 봉사와 희생이 있었기에 오늘의 대

한민국이 있다고 해도 과언이 아니다.

우리도 그랬다. 우리나라도 그렇게 서양 선교사들의 헌신과 봉사가 밑거름이 되어 찬란한 오늘을 이룬 것을 잊어서는 안 된다. 서양 선교사들이 조선에 부었던 그 헌신이 120여 년이 지난 지금 이태석 신부와 같은 많은 선교사들로 태어나 이제 우리보다 힘들고 어려운 나라로 날아가 의술로 사람을 구하고, 교육을 시키며, 가난과 무지로 감긴 그들의 눈을 뜨게 하는 일에 봉사와 헌신을 다하고 있다.

내가 아닌 다른 사람들을 위한 삶을 산다는 것은 아무나 하는 일이 아니다. 다른 사람들을 위한다는 것은 나를 포기해야 하며, 다른 사람이 생각할 수 없는 어려움을 이겨내야 하며, 그 사람의 입장이 되어 그들의 마음속으로 들어가지 않으면 안 된다. 수단의 빛이 되었던 이태석 신부도, 조선의 어둠을 물리쳤던 언더우드 신부도, 그리고 조선의 백성을 위하여 2만5천 달러를 보내어 병원을 지은 세브란스 씨도 자신이 아닌 다른 사람을 위하여 내 삶을 내어준 사람들이다.

다른 나라까지 찾아가서 봉사는 못할지라도 내 주변에 있는 어려운 사람들의 신음 소리를 들을 수 있는 귀 하나쯤, 어려운 사람들의 삶을 볼 수 있는 눈 하나쯤은 열어두고 살아가는 삶을 생각해 봐야겠다.

수필

최영지

《순수문학》 수필, 《조선문학》 소설 신인상 수상. 수필집 《멀리서 바라보는 것이 아름답다》, 소설 《흑백사진 속의 풍경》, 단편소설집 《사랑은 무엇을 남길까》.

고향 상실 외 1

"어머님 이제 떠납시다."

오늘따라 여든이 넘으신 시어머님의 모습이 더 작아 보인다. 작은 체구에 야무진 모습이었지만 집을 떠나야만 하는 어머님의 모습은 내 눈가를 붉히게 한다. 가방도 아닌 보따리 하나를 드신 모습이 초라해 보인다. '보따리 하나' 어머님의 한평생이 함축되어 보인다. 나는 어머님 뒷자리에 서서 자꾸만 발걸음을 재촉한다. 집은 금방 흙더미 속에 묻혀버릴 것만 같다. 사람들이 떠난 빈집들은 하나 둘씩 거대한 포클레인에 작은 신음소리 한번 내지 못한 채 묻혀 갔다. 기계음만이 공허하게 마을 자리를 묻었다. 사람이 살 수 없는 공간으로 변해갔다.

'발전과 보전' 현대사회가 안고 있는 큰 과제일 것이다. 지역발전과 자연보전은 우리 곁에 항상 존재하고 있는 문제들이다. 발전이 오늘의 문명과 편리, 물질적 행복을 누리게 했다면 그런 발전 앞에는 자연의 희

생과 개인의 아픔이 있기도 하다. 자연 파괴와 생태계 위협은 우리 삶까지 저당잡히게 하는지 모른다. 도시화가 가속화되고 확대되면서 자연은 우리 삶과 멀어지고 있다. 특히 도시 근교의 산업단지 조성은 더욱 그러하다. 산과 들 마을이 있던 자리에는 산업단지가 형성되고 공장이 들어서지만 자연은 사라지고 있다.

나의 시댁은 마산에서 자동차로 40여 분 거리에 있다. 군북 인터체인지에서 의령 방향으로 접어들어 채 3분도 걸리지 않는 고속도로와 인접해 있는 곳이다. 야트막한 야산과 교통의 편리함, 현지인들이 작은 것은 산업단지 조성에 적합한 조건을 갖춘 지역이었던 모양이다.

어머님이 시집와서 한평생을 살았고 남편의 유년이 남아 있는 고향이기도 하다. 산과 들이 어우러져 있는 전형적인 시골 마을이다. 그런 시골 마을이 사라진다는 것. 고향을 잃는다는 것은 한 번도 생각해 보지 못한 일이다. 고향은 항상 그곳에 남아 있는 자신의 뿌리 같은 존재이기도 하다. 시댁 조상들의 뼈가 묻혀 있던 곳. 여섯 분이나 되는 묘를 이장해야 했던 일은 아득하기만 하다. 사회적 물리적 힘 앞에 개인의 힘이 얼마나 보잘것없다는 것을 다시 한 번 느끼게 한 일이다. 저항의 힘이 없었기에 고향을 잃는 아픔을 겪어야 했는지 모른다. 가끔씩 찾아가는 시댁은 친정은 아니지만 흙냄새를 맡을 수 있게 했고 고향의 향수를 느끼게 했다.

20여 가구에 20명도 채 안 되는 노인 분들. 그분들은 한 번도 그곳을 떠나 살아보지도 않았고 또한 고향을 떠나 살 것이라고 생각하지도 않았다. 태어나서 혹은 시집와서 한평생을 보낸 곳이다. 하지만 어느 날 갑자기 산업단지라는 명분 아래 주민들은 거대한 기업과 행정력 앞에 제대로 저항 한번 해 보지 못하고 고향을 떠나야 했다.

토지보상이 허무하게 끝나버렸다. 대부분의 토지들은 외지에 나가 있

는 사람들의 소유였기 때문에 별 어려움 없이 진행되었다. 마을을 떠나기를 거부해 보았지만 실효성이 없었다. 결국 집을 비워달라는 통지서를 받아야만 했다. 사람들은 하나 둘씩 낯선 이주단지로 떠났다.

야트막한 앞산에는 계절마다 제철 꽃이 피었다. 오월의 아카시아 향기와 가을이면 그림처럼 나무에 달렸던 붉은 감은 파란 하늘과 함께 수채화가 되었다. 들판엔 모가 심어지고 추석 때쯤이면 누런 들판이 되던 곳.

산은 나무가 잘라져 나가고 무너져 갔다. 들을 메우기 시작했다. 산 하나 허물고 들을 메우는 일이 그렇게 쉬운 일인 줄 몰랐다. 나는 그것이 꽤나 오래 걸리는 공사인 줄 알았는데 2년도 채 되지 않아 모든 것이 바뀌어버렸다. 오십여 만 평의 공장부지가 조성되고 자연이 있던 자리에는 거대한 부지敷地가 형성되었다. 마을은 흔적조차 없어질 것이다. 주소지에도 나오지 않을 '건능골'은 그곳을 고향으로 둔 사람들의 아픔으로 남을 것이다.

어머님은 무척 부지런하셨다. 김장철이면 배추, 고추, 마늘까지 4명이나 되는 며느리들한테 챙겨주었다. 일손을 잠시라도 놓지 않고 마당의 작은 터에도 갖가지 채소를 심었다. 가을이면 마당가에 늘 노란 국화가 피었다. 땅과 곡식 채소가 어머님 분신과도 같은 존재였는데 이제 어디에 마음 주고 사실지 걱정이 앞선다.

이사하던 날 챙겨올 것이 거의 없었다. 사람만큼이나 모든 가재도구도 낡고 보잘것없어 차에 실을 것이 별로 없었다. 필요한 몇 가지 짐들을 군에서 마련해준 컨테이너 박스 안에 넣어두고 어머님은 우리 집으로 모시기로 했다. 자식 집이 불편하다며 이틀을 못 계시던 어머님이신데 아파트 생활을 몇 개월 하실지 걱정이 앞선다. 어머님의 세월이 묻어 있던 집. '보따리 하나'에 담아 왔다.

재수 없는 날

'국민의 의사에 따라 만든 법률에 의하여 다스려지는 나라. 일반적으로 국민의 기본적 인권이 보장됨을 원칙으로 하여 권력 분립주의와 자유주의적 원리를 따르는 나라를 이른다.'

법치국가에 대한 사전적 설명이다. 대한민국이 법률에 따라 국민의 권리와 인권이 보장되는 자유민주국가라고 정의하는데 이의를 제기할 사람은 없을 것이다. 대부분의 선량한 국민들은 법의 강제성보다는 인간의 양심, 관습, 예의, 도덕적 테두리 속에서 일상을 살고 있다고 해도 과언이 아닐 것이다.

하지만 뉴스에서 매일 접하는 끔찍한 사건들은 세상에 대한 회의를 느끼게 한다. 도덕도 양심도 법률도 저버리는 인간으로서 할 수 없는 일들. 초등학생을 성폭행하고 살해한 김길태 사건, 조두순 사건 등은 소름이 끼치는 일들이다. 그들에게 사형보다는 무기징역을 선고하는 판결을 보

면서 한숨이 먼저 나왔다. 과연 그들에게 인권을 보장해 주는 것이 옳은 일인가 싶다. 인간이기를 거부하는 그들에게 법은 인권을 보장해 주어야 하는 것인지. 우리나라 법률은 피해자보다는 피의자를 더 보호해주는 것은 아닐까 하는 생각도 든다. 자식을 잃는 가족들의 원통함과 고통 속에서 꽃다운 나이에 처절하게 죽어간 피해자들을 생각하면 지금도 가슴이 먹먹하다.

며칠 전에 너무 황당하게 당한 일이 생각나서 거창한 법치국가라는 의미를 생각해본다. 나 개인의 사소한 일에서 비롯된 일이지만 나 자신이 국가로부터 아니 법으로부터 보호받을 수 없다는 사실이 화가 나고 억울하기 그지없다.

자동차를 운전해서 우리 집으로 가는 길은 좁은 골목길이다. 대로변에서 좌회전을 받아 언덕배기를 내려가려면 양옆으로 차를 주차해두어 차 두 대가 비켜가기가 난감하다. 그날도 나는 좌회전을 받아 내려가려는데 아래쪽에서 한 대의 차가 라이트를 번쩍이고 클랙슨을 울리며 나를 향해 돌진해왔다. 나는 주춤거리며 차를 뒤로 후진시켜 길을 터주었는데 50대쯤 되어 보이는 남자가 창문을 열고 다짜고짜로 욕설을 퍼부었다. 무방비 상태에서 당하는 일이라 정신이 나가버리는 것 같았다. 태어나서 처음 들어보는 무지막지한 욕설과 폭언은 사람에 대한 모욕감과 모멸감으로 얼마동안 나를 힘들게 했다. 밤마다 악몽을 꾸게 했고 운전하는 것을 망설이게 했다. 사람이 무서워졌다.

남자는 바로 옆 주유소로 갔다. 나는 떨리는 가슴과 후들거리는 다리로 차를 정차시키고 그 남자에게로 갔다.

"아저씨 무슨 욕설을 그렇게 해요."

남자는 또다시 욕설을 해대며 차에서 내려 여자인 내 멱살을 잡았다.

순간적으로 생각할 수도 없는 일이 일어났다. 억장이 무너졌다. 말다툼을 한 것도 아니고 접촉사고가 나도 이런 경우는 없을 것이다. 이 남자는 세상에 대한 분노를 나한테 퍼붓고 있는 것 같았다. '묻지마 살인' 같은 상황이 머리를 스치고 지나갔다. 대상이 없는 누구한테 자신의 분노를 폭발시키는 일이 내게도 일어나고 있었다. 차를 운전하다보면 여러 가지 상황을 만날 수 있는데 이런 일은 아무리 재수가 없어도 일어날 수 없는 일 같다.

나는 울면서 112에 신고를 하게 되었고 남자는 차를 타고 달아나버렸다. 결국 경찰관이 출두하였고 지구대에 가서 조금 전 일어났던 일을 진술했다.

경찰관은 남자가 했던 욕설을 구체적으로 해보라고 했다. 입이 떨어지지 않아 난감했다. 녹취를 해 둔 것도 아니고 그 쌍스런 욕설을 어떻게 하라는 것인지…… 결국은 경찰관이 예를 든 욕설을 했고 나는 동의를 해주는 형식이 되었다.

"그 남자 구속되나요?"

"구속은 무슨 구속입니까. 아마 벌금 정도 나올 겁니다."

"아니 그렇게 당했는데 구속이 되지 않나요? 그럼 제가 왜 여기 와서 신고를 하는 건가요. 제 자신은 보호받고 피의자를 구속하자는 것인데."

"요즘은 대부분 사건이 불구속 입건입니다. 이건 별 사건도 아닙니다."

다리에 힘이 풀렸다. 얼굴이 화끈거려 불이 났다. 내 인격이 고스란히 짓밟히고 아무 잘못도 없이 당하는 이 억울함이 벌금 얼마로 해결되고 만다니 내가 얼마나 무지하게 살아왔는지를 알게 해주었다. 50평생 경찰서에 처음 가 본 나였고 생면부지의 남자로부터 당한 일이 내게 너무

큰 상처였는데 구속도 아니고 벌금으로 끝난다고 하니 어이가 없다. 폭언과 욕설은 폭행보다 더 인격적 모멸감과 수치심을 주는 것 같다. 법적 보호를 받을 거라는 내 기대감은 쉽게 무너졌다.

그 남자가 얼마의 벌금으로 처벌될지 모르겠지만 그건 나 개인과는 무관하다는 생각이 든다. 대부분의 사건들이 불구속으로 처리되고 있으니 사건을 당하는 피해자들만 늘어나는 것은 아닐까 싶다. 개인이 당한 일을 국가가 벌금으로 처벌하고 일상생활에는 아무런 제약을 주지 않으니 이런 일쯤은 비일비재하게 일어나고 있을지 모른다.

이런 일은 나만의 문제만은 아닐 것이다. 하루에도 수많은 사람들이 억울한 일을 당하고 법적 보호를 받을 수 없다면 우리 사회는 국민을 방치하는 나라가 되지 않을까 싶다. 개인의 인격과 인권이 법으로 보호되지 않는다면 힘없는 국민은 어디에서 보호를 받겠는가. 피의자보다는 피해자를 위한 법의 집행이 선행되어야 하지 않을까 싶다. 당하는 사람만 억울하다는 말을 다시 한번 실감하게 하는 사건이었다.

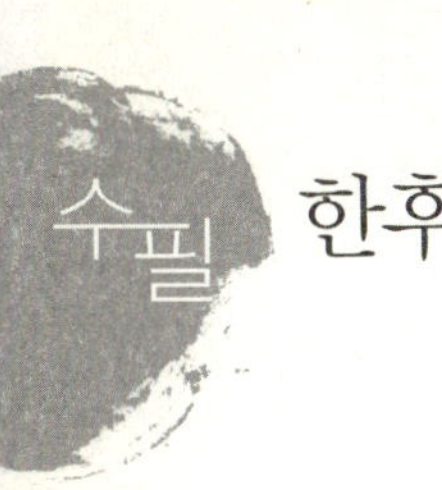

한후남

1990년 《경남문학》 신인상 등단, 1996년 《수필문학》 천료. 1998년 남명문학상 신인상, 2006년 수필집 《시간의 켜》 문화예술위원회 창작지원금 출판. 경남문협 우수작품집상. 경상남도 정기간행물심의위원, 성주사 월간 《곰절》 편집위원.

영혼의 파수, 박완서 외 1

하얀 눈송이가 꽃잎처럼 나풀거리던 날, 그분은 가셨다.

얼마 전부터 편찮다는 소식은 들었으나 갑작스러운 부고에 가슴이 먹먹했다. 담낭암이라고했다. 비보를 접하고 창가에 붙어 서서 나부끼는 눈발을 하염없이 바라보았다. 의식 밑에 가까스로 눌려 있던 슬픔 덩어리가 비집고 올라왔다. 전날, 솜털같이 여린 생명을 놓쳐버린 상실감이 파도로 덮쳐왔다.

여고를 졸업할 때까지는 소설가 박완서 선생이 동문의 어머니라는 사실을 몰랐었다. 아마도 그 이후에 문단에 데뷔하신 탓이었으리.

딸 호원숙(수필가)은 추모글 〈어머니의 손〉에서 '어릴 적 엄마의 손에는 항상 뜨개질 거리가 들려 있었다. 가을이 깊어가는 오후 어머니의 뜨개질하는 무릎 곁에 있는 것만으로도 우리는 얼마나 따뜻하고 행복하였

던가…… 저녁을 준비하러 부엌으로 가기 전 오후, 뜨개질 거리를 들고 있거나 아니면 《현대문학》이나 《사상계》 같은 잡지를 보면서 비스듬히 누워 계신 젊은 엄마는 참 아름다웠다.' 고 회상하고 있다.

이처럼 소설가 박완서는 등단 이전에는 우리들의 어머니처럼 아내, 엄마의 자리를 중요시 여기며 알뜰히 살림을 꾸려 나간 분이었다. 게다가 일제 강점기와 해방, 6 · 25를 몸소 겪은 세대이기에 험난했던 시대상을 소설 속에 생생하게 재현해 낼 수 있었다.

나는 등단하기 전, 선생의 소설을 텍스트로 소설 공부를 한 적이 있다. 작가는 소설 속에다 인간의 허위와 속물근성을 신랄하게 풀어헤쳤다. 〈나는 왜 작은 일에만 분개하는가〉라는 수필에서는 사회에서 예사롭게 벌어지는 부조리한 일들을 섬뜩하도록 날카롭게 짚어내고 있다. 암으로 먼저 세상을 떠난 부군에 대한 절절한 사랑을 소설 〈여덟 개의 모자로 남은 당신〉에 풀어 놓아 독자의 심금을 울렸다.

박완서 선생은 자식이라고 특별히 감싸고 두둔하는 일은 없었다고 한다. 특히 배운 사람, 가진 사람일수록 소외된 사람들에게 행동거지를 조심하라는 것을 몸소 실천하셨고 당부하셨다. 그래서 말년을 보내신 아치울 마을, 선생 댁에는 철따라 와서 꽃구경도 하고 식사도 함께하는 문인 후배 예술인들이 많았다고 한다.

90년대 초 사진과 작품으로만 선생을 접하다가 진해에서 열리는 김달진문학제에서 처음 뵙게 되었다. 먼 길 오신 피로가 역력한데도 맑은 미소가 어찌나 곱던지 나도 모르게 덥석 손을 잡고 "선생님, 저 원숙이 동창이에요." 하고 혈육을 대하듯 인사드렸다. 지난해에도 거의 다 오셨다가 멀미가 너무 심해서 부산 딸집으로 가셨다는 얘기에 속으로 무척 놀랐던 기억이 있다. 심한 멀미에도 불구하고 천리 길도 마다않고 달려오

신 열정에 가슴이 뭉클했다. 김달진 선생과 생전에 특별한 인연이셨던가, 막연한 짐작을 했었다.

선생은 문단에서도 학연 지연을 가리지 않았다고 한다. 흐르는 물처럼 그저 이심전심으로 사람들을 만나 담소하고 뒷날을 기약했다. 작품 보는 눈은 깐깐했으나 성품은 까다롭지 않아 좀 부족한 작가들도 넉넉히 품속에 품었다고 젊은 문단 후배들은 회고한다.

암 투병하는 이해인 수녀와도 특별한 사이였다. 꼭 회복되어 자신의 임종을 수녀님 곁에서 하고 싶다는 간절한 소원이 이뤄졌던 것일까, 영정 속 선생의 정겨운 미소 앞에서 시인은 눈물을 그칠 줄 몰랐다.

선생은 작가는 시대를 대변하고 공정한 사회를 만들어 나가는데 일조해야 한다는 문학인의 자세를 몸소 실천하고 떠나신 분이다. 그토록 사랑했던 가족과 이웃 후배들이 잘 살아나갈 수 있게 주춧돌을 놓아주신 분이셨다. 부디 저세상에 가셔서도 고운 미소로 영생하시기를 두 손 모아 빌어본다.

죽비, 후려치다

미수의 친정어머니는 여직 하루 세끼를 손수 마련하신다. 어머니 연륜에 어림없는 내게도 끼니 걱정은 일상을 짓누르는 무게로 다가오는데 말이다.

아들이 너른 집을 장만해 모시겠다면 완강히 거절하면서 하시는 말씀이 있다.

"나는 몸을 움직거리는 것이 좋다! 아직 걸어 다닐 만한데 가만히 앉아 있으면 쓸데없는 공상만 생기지……"

어머니의 바지런한 몸놀림을 보노라면 새겨둔 글귀가 떠오른다.

'일은 세계와 나 사이에 뿌리를 내리게 한다' 그래서 나날이 하는 일을 즐기며 살아야 한다는 얘기다. 바로 어머니의 인생관과도 일치하는 지론이다.

꽃 화분을 옮기려 들어내 놓으면 하얀 잔뿌리를 분 밖으로 길게 드리

운 걸 볼 수 있다. 좁은 화분 안에서 운신할 수 없었던지, 나름의 돌파구를 향해 몸길이의 서너 배가 넘는 뿌리를 내리고 있다. 이런 작은 풀꽃조차도 생존을 위한 몸부림이 눈물겨운데 현실에 굳건하게 뿌리내리지 못하고 허방을 딛고 떠도는 나는 뜬구름과 다름없다. 감정의 부침이 심할 땐 스스로도 조절이 되지 않는다. 호르몬 부족의 자연스런 현상인가, 하루를 떠넘기기 힘겨워서 전문의의 도움을 받아볼까 고려 중이었다.

시숙의 칠순 잔치를 마치고 귀가하던 중, 사고를 당했다. 집 가까이 와서 방심한 탓이었던가, 돌이켜 생각해도 사고 상황이 분명하지 않다. 그 길은 차량 일방통행이었기에 뒤에서 오토바이가 들이받으리라고는 꿈엔들 생각했으랴.

굉음과 함께 몸이 휘청하고 공중부양을 한 것 같은데 정신을 차리고 보니 엎어져 있었다. 엎드린 상태라면 무르팍이나 이마가 깨져야 할 텐데 뒤통수가 죽을 만치 쑤셨다. 저절로 손이 가서 만져보니, 주먹만 한 혹이 불거지고 끈끈한 진물도 흘렀다.

아, 살아났구나. 그 와중에도 가족 중 내가 당해 천만다행이라는 생각이 들었다. 단축키를 눌러 식구를 부르고 부축하는 대로 몸을 맡겨 도로변 화단에 눕혀졌다. 머리가 터질 듯, 심하게 통증이 와서 눈도 뜨지 못할 상황인데 철부지 녀석들은 돌아가며 나를 윽박질렀다. 작은 오토바이에 무려 셋씩이나 탔던 모양이다.

남편이 오고, 경찰이 오고, 119구조대도 도착했다. 구조 차에 올라 가까운 병원 응급실로 갔다.

CT촬영을 하고 엑스레이를 찍고 까진 상처를 치료할 동안 가해자의 보호자가 도착했다. 청소년 셋은 경찰이 인도해 가고 운전자 아버지가 대신 왔단다. 얼굴이 하얗게 질린 아비는 찌들은 소시민의 얼굴이다. 연

신 선처를 바란다며 애걸복걸이다. 아버지가 무슨 죄가 있겠는가. 사정을 들어보니 참 기가 막혔다. 작년에 이미 비행을 저질러 퇴학을 당하고 보호관찰 중에 있는 열여덟 살 철딱서니 없는 아들이었다.

내가 만약 입원을 하게 되면 아이가 가중처벌 돼, 수감이 불가피하다고 했다. 나도 자식을 키우는 어미인데 딱한 사정을 듣고 보니 맘이 저절로 누그러졌다. 큰 외상이 없고 뇌 촬영 결과도 괜찮기에 월요일에 전문의의 검진을 받고 결정하기로 했다.

그날 밤, 잠을 이룰 수 없었다. 눈만 감으면 굉음을 지르며 오토바이가 달려드는 악몽이 계속되었다. 다행히 정신을 놓거나 토하는 증세가 없어 뇌의 이상은 없는 것 같았다.

월요일에 병원 창구에서 만나 치료비를 지불할 때다. 토요일 응급처치료가 내 의료보험으로 정산이 되었다고 했다. 이럴 경우, 나중에 보험공단에서 내게 추징금을 물린다고 한다. 암만 사정이 딱하다 해도 세 곱절 넘는 일반치료비를 물릴 수밖에 없었다.

기가 한풀 더 꺾인 아이 아버지는 쪼들리는 집안 사정을 털어놓았다. 자신은 공장 3교대 생산직 근로자인데 아이 엄마는 뇌종양이고, 지금 사는 지하 월세방은 세가 올라 조만간 옮겨야 할 형편이란다.

불행은 줄지어 찾아온다고 했던가, 울음이 터질 것 같은 보호자의 얼굴을 대하기가 너무도 힘들었다. 훔친 오토바이로 면허도 없는 녀석이 술까지 마시고 뒤에서 들이받은 것은 참작의 여지가 없는 범죄행위이다. 그러나 한편으론 우연만일 수 없는 내 업보의 사고일 수도 있겠다는 생각이 희미하게 드는 것이었다.

치료를 받는 3주 동안 내내 맘이 편치 않았다. 다행스럽게도 체질을 미리 밝혀놓은 한의원에서 의사 처방을 착실히 따른 덕에 20여 일 만에

몸이 완쾌되었다.

치료를 마치고 합의서를 써주는 날, 병석에 있는 엄마까지 병원으로 찾아왔다. 아들 녀석이 누구를 닮아 말썽꾸러기인지 의아해질 정도로 얌전한 얼굴에 심성이 착해보였다. 그간의 치료비에다 위로금조로 몇십만 원을 더 넣었다며 봉투를 건네줬다. 나는 펄쩍 뛰면서 치료비를 제한 나머지 금액을 봉투째, 부인의 주머니에 쑤셔 넣었다. 몇번 거절을 하더니 눈물을 글썽이면서 고맙다고 머리를 조아린다. 나도 모르게 아이 엄마를 끌어안고 등을 토닥이며 부디 종양이 완치되기를 빌었다.

후에, 아이 아버지가 보낸 문자 행간에서도 고마워하는 마음이 절절이 묻어났다.

"○○아버님, 그동안 맘고생 많으셨습니다! 크는 아이들은 대기만성입니다. 바른길로 가기를 기도할게요!" 문자를 보내는 내 마음도 기도로 간절했다.

그 아이로 인해 정신이 번쩍 들었으니 전화위복이란 바로 이를 두고 하는 말이 아니런가. 이 화창한 봄날을 살아서 즐길 수 있음에 저절로 감사의 마음이 드는 것이다.

허숙영 | 경남 진주 출생. 《한국수필》 신인상 수상

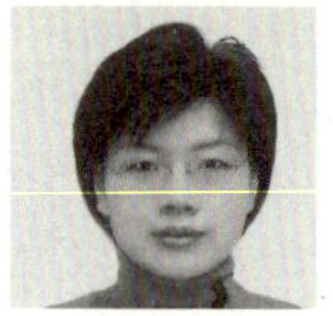

원북 아지매 외 1

시댁이 있는 시골에 가면 나를 특별대우해 주는 사람이 있다. 먼 친척뻘인 원북아지매다. 날씨가 더우면 동네 어귀의 둥구나무 아래 평상 위에서, 추우면 담벼락 아래서 햇볕을 쬐시다가 맞닥뜨리면 어김없이 내 손을 덥석 잡으신다.

"아이구 우리 이뿐이 오나, 일 도와주러 오는가베. 이렇게 천성이 착한께네 늙지도 않고 이뿌기만 한가베."

쉰이 넘은 나에게 아직도 변함없이 '우리 이뿐이' 라고 불러주는 사람은 원북아지매밖에 없다. 구순을 바라보는 어른이 만날 때마다 칭찬을 해 주어서인지 나는 내가 천성이 착한 것으로 착각을 하고 그렇게 행동하려 애쓴다. 그것이 말의 힘이 아니겠는가.

동네 노인들 대부분은 모여 앉으면 남의 험담을 늘어놓거나 흉을 보는 것이 다반사이다. 하지만 나는 그분이 남의 험담을 하는 것을 보지 못했

다. 아지매를 보면 효부도 악부도 시어머니의 말끝에서 만들어지는 것을 알 수 있다. 며느리에게는 효부상을 안겼고, 동네 사람들에게서는 칭송을 받고 있다. 진정한 어른이 어떤 사람인지를 보여준다. 물론 그 댁의 며느리도 누구 못지않게 시어머니 공양을 잘하기는 하지만 어른이 칭찬을 아끼지 않으니 남들도 인정을 해 주는 것이다.

지난해 겨울 문중 어른들이 다 모여 재실에서 묘사를 지낼 때였다. 나는 설거지를 담당하게 되었다. 전날 내려 얼어 있던 눈이 기와를 타고 흘러내리다가 고드름 주렴을 만들 만큼 추운 날이었다. 재실 앞마당 한 귀퉁이에 마련된 설거지통에 손을 담그자 손끝에 닿는 얼음물이 혈관을 타고 심장으로 흘러드는 듯했다. 유난히 추위에 약한 나는 두툼하게 옷을 껴입었지만 몸이 옥죄어 왔다. 그렇다고 자리를 뜰 수도 없는 상황이었다. 파랗게 떨면서도 설거지를 하고 있는 것을 지켜보았던지 아지매가 다가오셨다.

"우리 이뿐이 한 번 안아보자."라며 두 팔을 크게 벌리고 있었다. 나는 고무장갑 끝에 매달린 얼음물을 떨쳐낼 사이도 없이 덥석 안겼다. 따뜻한 할머니 품이었다. 아지매는 내 등을 두어 번 토닥거려 준 다음 입고 있던 털 스웨터를 벗어 내 어깨에 둘러주셨다.

"나 같은 늙은이는 무뎌서 추운 것도 모른께네 괜찮다."며 한사코 내게 입으라고 했다. 문중 어른들이 눈치 채지 못하게 무안함도 추위도 함께 덮어 주었다. 괜스레 코끝이 시큰해지며 내가 태어나기도 전에 돌아가신 나의 할머니가 환생을 했을지도 모르겠다는 생각을 했다.

살아가면서 또 어디서 이렇게 자상한 어른을 만나고, 따뜻한 할머니의 정을 느낄 수 있을까. 이즈음엔 바라보는 눈길이 더욱 깊어져 조바심 나게 만들고 있다.

어릴 적 친구 할머니는 손녀가 무슨 잘못을 하든 감싸주고 보호막이 되어 주었다. 청소를 한다고 마루에 물을 들이부어 결이 거칠게 일어나 못 쓰게 만들어도 그녀의 할머니는 엉덩이 두드려 주며 잘했다고 칭찬을 해주었다. 그뿐인가. 싸움을 해도 할머니 앞세우고 당당하게 다시 나타나 상대방의 기를 죽여 놓아 누구도 그녀를 함부로 대하지 못하게 했다. 그때부터 나는 할머니에 대한 환상을 가지고 있었다. 친구네가 부자였던 것도, 부모가 젊다는 것도 부럽지 않았지만 무조건 편이 되어줄 할머니를 가진 것만은 부러웠다.

시간이 지나면 누구나 할머니가 된다. 내가 바라는 할머니는 세월의 이력이 쌓이는 만큼 배려와 이해가 쌓여가는 사람이면 좋겠다. 수많은 이야기를 품고 있지만 시원한 공기만 내어주는 숲 같은 어른이라면 되지 않을까. 마음을 읽어내어 따뜻하게 감싸 안을 줄 아는 된장 뚝배기 같은 어른이라면 더할 나위 없이 좋을 것 같다. 원북 아지매처럼.

외손들의 벌초 여행

벌초를 하기 위해 집을 나선 지 얼마 되지 않아 장대비가 쏟아졌다. 제주 앞바다에 태풍이 당도했다는 방송을 듣고도 약속이 되어 있어 어쩔 수 없었다. 나보다 앞서 현관을 나서는 남편은 비가 오면 시원해서 벌초하기 더 좋다는 말로 내 마음의 짐을 덜어준다.

한 시간여 빗속을 달려가니 어릴 적 논고둥을 잡던 개울이 보인다. 외가 사람들만 모두 떠나고 없을 뿐 산 아래 낮게 엎드려 있는 동네는 그대로였다.

아침도 거른 채 어둑새벽부터 길을 나섰다는 부산 이모네 식구들이 벌써 산소 몇 기를 말끔하게 단장시켜 놓았다. 여름비에 웃자란 풀들로 산소는 숲이 되어 있었다. 남자들은 예초기를 메고 능숙하게 긴 억새와 칡넝쿨을 두세 번에 걸쳐 잘라냈다. 금속음 소리가 날카롭다. 곧이어 도착한 어머니와 나의 형제들, 이종들이 다 모이니 열여덟 명이나 되어 대군

을 이끌고 출동한 전쟁터 같았다. 잘 훈련된 군사들처럼 손발이 척척 맞아 일사천리로 일은 진행되었다.

비에 젖은 외할머니 상석의 풀잎들을 손으로 닦아내고 재배를 올린 어머니는 그 앞에 풀썩 주저앉아 가슴을 치며 흐느꼈다. 미수에 가까운 노구의 명치를 쳐야 할 만큼 명치끝에 걸려 있는 것은 무엇일까. 나는 엄마의 눈물을 나보다 어린 이모들에게 들키고 싶지 않았다. 다행히 내가 받치고 선 우산에서 떨어지는 빗물 속에 눈물도 함께 묻혀 버렸다.

나는 그 눈물의 의미를 알 것도 같다. 외할머니와 이모들 그리고 당신이 여자로서 겪은 한의 눈물이다. 조상들에 대한 원망과 대가 끊긴 집안에 대한 안타까움의 눈물이고, 외삼촌을 지키지 못한 속죄의 눈물이다.

어머니의 한숨 소리가 깊어져 가면 벌초할 계절이 돌아온다는 뜻이다.

'한 대를 더 이어가나 거기서 중단하나 대 끊어지기는 마찬가지인데… 우리 오매가 무슨 죄를 지었길래…' 혼자서 중얼거리는 소린지 들어달라는 소리인지 군담을 늘어놓는다.

유년시절 외갓집에 가면 "왜 너까지 딸로 태어났느냐. 네 엄마 어쩌라고"하며 연민 가득 담은 눈으로 바라보던 외할머니가 있었다. 그리고 또 한 사람, 밤이면 떨어지는 별을 줍겠다고 치마폭을 벌리고 마당 귀퉁이로 달려 나가던 할머니가 있었다. 왜 할머니가 둘이었는지 셋째 딸인 나를 바라보는 외할머니의 눈빛이 무엇을 의미하는지 그때는 몰랐다. 그저 친구 같은 이모들과 같이 놀 수 있어 좋았고 우리 집보다 먹을거리가 많아서 자주 갔다.

외할아버지는 근동에서 소문난 한학자셨다. 남의 족보를 편찬해 주거나 현판을 써 주는 일로 집을 비우는 날이 많았다. 외할아버지가 집에 오시는 날은 돈을 한 궤짝씩 짊어지고 들어오셨다고 한다. 딸부자 집에서

여자가 글을 알면 집안 편할 날 없다며 외할아버지는 그렇게 넓은 학문을 딸들에게 글자 한 자 가르치지 않고 서둘러 혼인을 시켰다.

딸만 넷을 낳은 외할머니에게서 대 잇기를 포기하고 외할아버지는 작은 부인을 또 들였다. 동경대 유학까지 했다는 인텔리 여성이었다. 작은할머니는 아들딸 고루 다섯이나 낳았지만 정신이 온전치 못했던 당신은 정작 자신의 세계 속에 갇혀 세상 밖으로 나오질 못했다. 그런 탓에 작은 외할머니의 뒤치다꺼리며 자식들까지도 모두 외할머니 몫이었다. 대를 잇지 못한다는 죄인의 굴레를 뒤집어쓴 외할머니는 어린 자식들을 환하게 씻겨가며 정성을 다해 먹이고 거두어 집안의 평화를 유지했다.

큰외삼촌은 마이더스의 손을 가진 것 같았다. 손이 닿기만 하면 뚝딱 책상이 만들어지고 궤가 탄생되었다. 그 위에 벌 나비 꽃그림을 살아 움직일 듯이 그려내었다. 못 하나 쓰지 않고 나무로 섬세하게 꿰어 맞춘 우리 집 앉은뱅이책상과 밥상은 두고두고 자랑거리가 될 정도였다. 일필휘지로 촉석루 현판을 쓰셨다는 외할아버지의 글 솜씨에 비견될 만 했다.

하지만 그런 평온은 오래가지 못했다. 외조부님이 돌아가시자 그 많던 재산들은 흔적도 없이 사라져 버렸다. 큰외삼촌은 젊은 나이에 돌아가시고 남은 외삼촌이 하나 있기는 하지만 결혼도 하지 않고 바람처럼 허랑허랑 떠돈다는 소문만 있다. 결국 대는 끊겨 버리고 만 셈이다.

이제는 그렇게도 홀대당하던 큰이모들도 세상을 떠나고 후손들이 모여 외할아버지의 유택을 손질해 주고 있다. 다른 사람 손에 벌초를 맡기지 말고 소풍 가는 기분으로 우리가 해 보자고 제안한 작은이모들은 떡이며 말술을 받고 회도 넉넉하게 준비해서 해마다 잔치 분위기를 만들고 있다. 자칫 얼굴도 모르고 스쳐 지나칠 뻔했던 이종들과의 만남은 또 다른 의미를 주었다. 벌초가 끝나면 풍광 좋은 곳을 찾아 하루를 즐기는 것

도 벌초여행에서 얻는 삶의 활력소가 된다.

"자기 조상도 나 몰라라 하는 요즘 세상에 처외징조할아버지의 산소 벌초까지 이렇게 즐겁게 하는 사람은 자네들밖에 없을 것이네."

이종 오빠는 남편을 향해 너스레를 떤다.

비 그친 뒤의 바람이 시원하다.

경남여류문학회 정관

| 제1장 총칙 |

제1조(명칭) 본회는 경남여류문학회라 칭한다.

제2조(목적) 본회는 회원 상호간의 친목과 권익을 도모하고, 지역 문화 발전에 이바지함을 목적으로 한다.

제3조(소재지) 본 회의 사무국은 경남 내에 둔다.

제4조(회원) 본회의 회원은 본회의 목적에 찬동하고 규약을 준수할 수 있는 등단 문인으로 구성한다.

| 제2장 기구 |

제5조(총회) 본회의 총회는 재적 회원 과반수의 출석으로 성립한다.

제6조(정기총회 및 임시총회) 본회의 정기총회는 매년 12월 중에 회장이 이를 소집하고, 임시총회는 회원 과반수의 요구가 있을 때 소집한다. (월례회는 매달 셋째 주 금요일에 한다)

제7조(결의 방법) 총회의 결의는 출석 회원 과반수의 찬성으로 하되, 가부 동수인 경우에는 회장이 결정한다.

제8조(임원) 임원은 회장 1명, 부회장 1명, 사무국장 1명, 감사 1명을 선출한다. 감사는 전임 회장으로 한다. 단, 고문을 둘 수 있다.

제9조(임원의 역할)

① 총회에서 위임한 예산 및 결산에 관한 사항

② 신입 회원 가입에 관한 사항

③ 기타 총회에서 위임받은 사항

제10조(임기) 임원의 임기는 2년으로 하고, 1회에 한하여 연임할 수 있다.

제11조(사무국) 본회의 회무를 정리하기 위하여 사무국을 두되, 사무국장은 회장이 지명하고 총회의 인준을 거친다.

| 제3장 사업 |

제12조(사업) 본회는 다음 사업을 시행한다.

① 《경남여류문학》지 발간

② 연 1회 가족 시낭송대회 (9월)

③ 그 외 지역문화 활동에 참여한다.

제13조(재정) 본회의 재정은 회원의 입회비, 찬조금, 회비, 보조금 등으로 이를 충당한다(단, 회원의 회비는 월 2만 원으로 한다).

| 제4장 상벌 |

제14조 본회의 상벌에 관한 사항은 총회나 임시회에서 결정한다.

| 제5장 부칙 |

제15조 본 정관에 명기되지 아니한 사항은 통상 관례에 준한다.

위 정관은 다음과 같이 개정되었으며, 2008년 7월 1일부터 효력을 발생한다.

1995년 제1회 개정

1998년 제2회 개정

2001년 제3회 개정

2005년 제4회 개정

2006년 제5회 개정

2008년 제6회 개정

경남여류문학회 회원주소록

이 름	주 소 이 메 일	전화번호 휴 대 폰
강지연	**631-410** 창원시 마산합포구 월포동 한성가고파A 1407호	223-8487 010-4567-8487
김경분	**631-260** 창원시 마산합포구 월영동 동아1차A 107-1704 kyung1356@hanmail.net	243-1356 010-4041-1356
김계자	**641-840** 창원시 의창구 용호동 31-12	070-8920-9086 010-8960-8215
김명희	**642-050** 창원시 성산구 내동 452 월드메르디앙A 107-903 mhee33@hanmail.net	296-7769 010-3559-7764
김미숙	**630-030** 창원시 마산회원구 두척동 445번지 비둘기동산 유치원 kms55@unitel.co.kr	231-9688 011-571-4488
김정희	**656-903** 거제시 아주동 744-1 현진에버빌A 104-1203 ksh25art@hanmail.net	681-5106 010-9343-0516
김진희	**641-840** 창원시 의창구 용호동 32-7번지 kjheeid@hanmail.net	282-1244 010-3072-1244
김하경	**621-833** 김해시 장유면 부곡리 월산마을 두산위브A 504-203 ms63813@hanmail.net	311-9141 010-8180-2223
박귀희	**631-310** 창원시 마산합포구 해운동 두산1차A 103-203 guihee211@hanmail.net	601-0938 011-599-6001
박성임	**630-824** 창원시 마산회원구 회원2동 661-17 psung516@hanmail.net	248-2412 010-5224-2412
박은주	**642-777** 창원시 성산구 상남동 대동A 120-1102 duri3@naver.com	263-7659 011-840-7659
박태남	**642-050** 창원시 성산구 내동 452 월드메르디앙A 112-902 tnpark@gsnd.net	246-0517 011-581-0517

이 름	주 소 이 메 일	전화번호 휴 대 폰
배소희	631-140 창원시 마산합포구 자산동 대림2차A 601호 hee9066@hanmail.net	246-9066 010-6567-9066
서인숙	631-440 창원시 마산합포구 신포동 경남A 1607호 seo296@hanmail.net	246-2969 010-3839-2969
원순련	656-801 거제시 신현읍 고현리 동그라미유치원 won8059@naver.com	636-2325 010-3837-8059
윤미향	630-791 창원시 마산회원구 양덕2동 84-1 메트로시티A 106-1601 dbsalgid59@hanmail.net	070-8235-1290 010-5022-1290
이분헌	631-861 창원시 마산합포구 완월동 96-3 lbh2@paran.com	010-6551-4313
이숙자	641-837 창원시 의창구 신월동 55-6번지 lsj0222@yahoo.co.kr	264-1273 011-551-1374
이주언	631-460 창원시 마산합포구 신포동 76 아이파크 102-403 blueice63@hanmail.net	070-8888-5658 011-499-5658
조연향	136-761 서울시 성북구 석관동 두산A 112-701 yhcho2995@hanmail.net	02)959-2998 010-7379-2995
최영지	631-755 창원시 마산합포구 완월동 화인A 101-1901 sook1825@hanmail.net	223-8844 010-5021-9725
하순희	631-761 창원시 마산합포구 월포동1가 벽산블루밍A 107-1301 h-jongsori@hanmail.net http://woorisi.co.kr/ha	247-0338 010-2588-0336
한후남	642-932 창원시 성산구 남양동 동성A 6-1506 52hoo@hanmail.net	287-1476 011-214-5520
허숙영	631-763 창원시 마산합포구 해운동 두산A 207-1603 gjtnrdud@hanmail.net	244-4744 010-4132-4744

편집후기

창밖에서 매미의 울음소리 들리기 시작합니다. 휴가철을 앞두고 본격적인 더위를 예고하는 소리입니다. 그들은 땅속에서 몇 년을 견뎌야 여름 한 철 매미라는 존재로 자신을 드러낼 수 있다고 합니다. 우리 회원들도 일 년 동안 자신의 존재를 확인하는 작업을 해왔으며, 그 결과물을 이제 세상에 내어놓습니다. 좀 더 열심히 했더라면 하는 아쉬움이 있지만 무장무장 흘러가는 세월의 어느 한 시점에서 《경남여류문학》 21호 발간이 또 하나 삶의 표지로 남으리라 생각합니다.

한 해 동안 두 회원이 작품집을 냈습니다. 김명희 회장은 첫 시집 《향기로운 사하라》를 펴냈는데, 가슴속에 오래오래 묵혀두었던 세계를 처음으로 세상에 펼쳐 보여 주목을 받았습니다. 그리고 김미숙 회원이 네 번째 시집 《저승 톨게이트》에서 특이한 발상으로 강렬한 느낌을 주었고, 바쁜 일상 속에서도 열심히 창작하는 모습은 큰 귀감이 되었습니다. 이숙자 회원께서는 동백문화예술상을 수상하였습니다. 무르익어가는 삶의 모습을 예술로 승화시킨 결실이라고 감히 생각합니다. 이숙자 선생님은 한 해 동안 우리 문학회에 심적으로 물적으로 많은 지원과 찬조를 아끼지 않으셨습니다. 축하와 함께 감사의 인사를 드립니다. 그리고 이분헌 시인이 우리 문학회의 한 식구로 활동하게 되었습니다. 몇 개월 동안 이분헌 회원이 보여주신 모습에서 많은 분들이 새 사람을 맞는 기쁨과 행복을 느끼고 있는 것 같습니다.

올해의 문학기행은 남해로 다녀왔습니다. 청정도시 남해, 예술보다 정치적 기질이 더 강하다는 남해에서 우리는 고유의 문화와 이국의 문화를 두루 섭렵하였으며, 회원 간의 관계도 더욱 친밀해지는 시간을 가졌습니다. 특집 '회원의 작품세계' 에는 김계자 회원과 윤미향 회원의 작품을 실었습니다. 두 분의 작품에 평을 써주신 하길남 선생님과 정목일 선생님께 감사의 인사를 올립니다.

이번 호의 표지는 김해연 화백의 그림으로 미적 효과를 살렸습니다. 현재 미국에서 활동 중인 김해연 님은 우리 문학회의 고문이신 서인숙 선생님의 따님이십니다. 두 분의 미적 감각이 유전적으로 이어져 있음을 확인해보는 기회가 되었습니다. 좋은 그림으로 《경남여류문학》誌를 빛내주신 김해연 화백님께 감사의 말씀 전해드립니다.

그리고 여러 가지 어려움에도 불구하고 지면광고를 통해 협찬을 해주신 경남스틸, 경남은행, 대우백화점, 경남대학교, 한록기공, (주)앨파스에 전 회원의 마음을 모아 감사의 인사를 올리며, 무궁한 발전을 기원합니다.

올해도 9월에 '경남여성시낭송대회' 가 있습니다. 이 행사에 많은 분들이 관심과 애정을 가져주시기 바랍니다. 《경남여류문학》 21호 발간을 위해 무더위 속에 애써주신 도서출판 경남에도 진심으로 감사의 말씀을 전해드립니다. 그리고 우리 회원님들 정말 수고 많으셨습니다! 감사합니다.

(이주언)

경남여류문학 제21호

펴낸날 2011년 8월 10일

펴낸이 경남여류문학회(회장 김명희)
펴낸곳 경남여류문학회

만든곳 도서출판 경남
주 소 창원시 마산합포구 남성로 42
연락처 (055)245-8818~9/223-4343(f)
홈페이지 http://www.gnbook.com
전자메일 gnbook@empal.com
출판등록 제2호(1985. 5. 6.)

ISBN 978-89-7675-703-6-04800
ISBN 978-89-7675-436-3(세트)

〔값 8,000원〕

제12회 가족과 함께하는

경남여성시낭송대회 개최 요강

문학을 사랑하는 이들에게 숨은 재능을 발휘할 수 있는 기회를 제공하고 문학적 정서를 음성 언어로 표현함(시낭송)으로써 지역사회 문학활동의 발전에 기여하고자 합니다.

주 최 경남여류문학회

후 원 경상남도, 마산시, 경남문협, 창원문협, 거제문협
마산문협, 대우백화점

대회일시 2011년 9월 24일 토요일 15:00

장 소 대우백화점

참가자격 창원시, 경남에 거주하는 여성 및 가족

참가신청 **신청기간** | 2011년 8월 23일~9월 15일
접수처 | 직접 접수 및 우편 접수(선착순 마감)
631-460 창원시 마산합포구 신포동 76 아이파크 102-403(이주언)
e-mail blueice63@hanmail.net
준비물 | 시낭송 원고 1부

심사위원 본선 행사 당일 발표함

기 타 자세한 사항은 문의처로 연락 바람
행사담당 이주언 사무국장
HP : 011-499-5658, 010-3559-7764

경남여류문학회장 김 명 희